한국외국어대학교 출판부

HUFS Press Center

민선재 저

Profa. Dra. Seonjae Min

까를로스 · 병수와 친구되기

hacerse amigos Carlos y Byongsu

쌍방향 한국어·스페인어

el coreano y el español en ambas direcciones

스페인어

한국어

머리말
[mərimal]

01

한국어는 극동아시아에 있는 한반도에서 사용한다. 현재 한반도는 남한과 북한, 둘로 나뉘어져 있다. 이 책에서는 대한민국(남한)의 한국어를 사용하며, 인구는 약 5천만이다.

1443년 세종대왕은 한글을 창제하셨다. 그 때 까지 중국 철자를 빌려다 한국어식으로 발음하였었다. 현재도 한자어를 많이 사용하나 발음과 글자는 한국어로 사용한다.

스페인어는 스페인과 대부분의 라틴아메리카에서 약 4억이 사용하는 언어이다. 스페인어는 라틴어에서 유래하였으며 1492년 콜럼부스의 신대륙 발견으로 이베리아반도에서 중남미로 이식되었다. 워낙 나라 수가 많으므로 많은 다양성이 있으나 기본 언어 구조는 다르지 않다.

presentación
[쁘레센따시온]

01

Se habla coreano en la Península Jan que está en el Extremo Oriente. Actualmente la Península Jan está dividida en dos partes, Corea del Sur y Corea del Norte. En este libro utilizamos el coreano de la República de Corea(Corea del Sur) cuyos habitantes son alrededor de 50 millones.

En 1443 el rey Sezong creó las letras coreanas que se llama Hanguɨl. Hasta aquel entonces se usaban las letras chinas a la pronunciación coreana. Hasta ahora se usan en muchas partes las letras chinas, pero con la pronunciación y la letra coreanas.

Se habla español en España y en la mayoría de los países latinoamericanos cuyos hablantes son alrededor de 400 millones. El español se derivó del latín y en 1492 se transplantó

까를로스와 병수는 서로에게 언어를 가르쳐주면서 좋은 친구가 될 수 있으며, 나아가서 한국어를 사용하는 사람들과 스페인어를 사용하는 사람들은 세계평화를 구축하는 데 좋은 동반자가 되리라 믿는다.

de la Península Ibérica a la América Latina con el descubrimiento del Nuevo Mundo por Cristóbal Colón. Siendo muchos países donde se habla español hay variedades, pero no es diferente la estructura básica de la lengua.

Creo que serán buenos amigos Carlos y Byongsu enseñándose la lengua uno al otro y más adelante los coreanohablantes y los hispanohablantes serán buenos acompañadores en construir la paz mundial.

차 례 | índice

3. 대화와 단어 | el diálogo y el vocablo — 167

Cap. 1

제 1 장

자모와 문법

el abecedario y la gramática

한국어
[jangugə]

02

* En este libro se escriben mixtas las letras españolas y las transcripciones fonéticas para que les faciliten a los hispanohablantes pronunciar el coreano.

el español
[엘 에스빠뇰]

07

* 이 책에서는 한국 사람들이 스페인어를 쉽게 발음할 수 있도록 표기하였다. 또한 중남미식 발음을 택하였다. 초록색으로 표기되어 있는 곳은 강세가 오는 자리이므로 강하게 발음한다. [ㄹㄹ]로 표기된 것은 [ㄹ]을 여러 번 굴려서 발음하고 [f]는 아랫입술을 살짝 깨물면서 발음하여야 하나 편의상 [ㅎ]로 표기하였다. 또한 'ge', 'gi', 'j'도 [ㅎ]으로 표기하였으나 이는 한국어의 [ㅎ]보다는 강한 [ㅎ]라 할 수 있다. 즉, 목구멍에서부터 나는 [ㅎ]이다.

모음
[moɨm]

03

1) ㅏ 아(a)

2) ㅐ 애(ɛ)

* Se pronuncia como la 'e', pero con la boca un poco más abierta. No se diferencian mucho la 'ɛ' y la 'e'.

3) ㅓ 어(ə)

* Se pronuncia en el lugar más posterior que la 'e'. Es preferible consultar a un amigo coreano para aprender la pronunciación exacta.

4) ㅔ 에(e)

5) ㅗ 오(o)

6) ㅚ 외(ø)

* Se pronuncia como si se pronunciara la 'o' y la 'i' al mismo tiempo. Es monoptongo. Es preferible escuchar a un amigo coreano pronunciar porque no es tan fácil como se explica.

la vocal
[라 보깔]

08

1) A a(아)

2) E e(에)

3) O o(오)

7) ㅜ 우(u)

8) ㅡ 으(ɨ)

* Se puede entender que se pronuncia como la ‘i’, pero en el lugar más posterior que la ‘i’ y con la boca más cerrada. Mejor consulte a un amigo coreano para la pronunciación exacta.

9) ㅣ 이(i)

4) U u(우)

5) I i(이)

복합모음
[bokʰammoɨm]

04

1) ㅑ 야 (ya)

* Se pronuncia como si se pronunciara la 'i' y la 'a' casi al mismo tiempo.

2) ㅒ 얘 (yɛ)

* Se pronuncia como si se pronunciara la 'i' y la 'ɛ' casi al mismo tiempo.

3) ㅕ 여 (yə)

* Se pronuncia como si se pronunciara la 'i' y la 'ə' casi al mismo tiempo.

4) ㅖ 예 (ye)

* Se pronuncia como si se pronunciara la 'i' y la 'e' casi al mismo tiempo.

5) ㅘ 와 (wa)

* Se pronuncia como si se pronunciara la 'o' y la 'a' casi al mismo tiempo.

6) ㅙ 왜 (wɛ)

* Se pronuncia como si se pronunciara la 'o' y la 'ɛ' casi al mismo tiempo.

el grupo vocálico
[엘 그루뽀 보깔리꼬]

09

* 스페인어에서는 강모음 'a, e, o'와 약모음 'i, u'가 합쳐지면 복합모음이 되며 음절분해를 할 때 한 개의 모음으로 취급한다. 자음도 'bl, br, cl, cr, fl, fr, gl, gr, kl, kr, pl, pr, dr, tr'은 복합자음으로 음절분해를 할 때 한 개의 자음으로 취급한다. 이는 강세가 어디에 오는가를 알고자 할 때 필요하다.

7) ㅛ 요(yo)

* Se pronuncia como si se pronunciara la 'i' y la 'o' casi al mismo tiempo.

8) ㅝ 워(wə)

* Se pronuncia como si se pronunciara la 'u' y la 'ə' casi al mismo tiempo.

9) ㅞ 웨(we)

* Se pronuncia como si se pronunciara la 'u' y la 'e' casi al mismo tiempo.

10) ㅟ 위(wi)

* Se pronuncia como si se pronunciara la 'u' y la 'i' casi al mismo tiempo.

11) ㅠ 유(yu)

* Se pronuncia como si se pronunciara la 'i' y la 'u' casi al mismo tiempo.

12) ㅢ 의(ɨi)

* Se pronuncia como si se pronunciara la 'ɨ' y la 'i' casi al mismo tiempo. Escuche con cuidado a un amigo coreano pronunciar.

자음
[zaɨm]

05

1) ㄱ 기역 (guiyək)

* Se pronuncia como el español ‘g’ de ‘gato’.

2) ㄴ 니은 (niɨn)

* Se pronuncia como el español ‘n’ de ‘niño’.

3) ㄷ 디귿 (diguɨt)

* Se pronuncia como el español ‘d’ de ‘dato’.

4) ㄹ 리을 (riɨl)

* Se pronuncia como el español ‘r’ de ‘pero’ o ‘l’ de ‘lado’. Nunca se pronuncia como el español ‘r’ de ‘perro’.

5) ㅁ 미음 (miɨm)

* Se pronuncia como el español ‘m’ de ‘madre’.

la consonante
[라 꼰소난떼]

10

1) G g ge (헤) + a, o, u / gu + e, i

* ‘g’뒤에 모음 ‘a,o,u’가 오거나 ‘gu’뒤에 모음 ‘e,i’가 오면 한국어의 [ㄱ]처럼 발음된다. ‘güe’는 [구에]로, ‘güi’는 [구이]로 발음한다.

2) N n ene (에네)

3) D d de (데)

4) R r ere (에레) / L l ele (엘레)

* 스페인어의 ‘r’ 또는 ‘l’는 한국어의 [ㄹ]발음과 비슷하다.
* 스페인어에서는 ‘r’가 겹쳐져 ‘rr’로 쓰이거나 ‘r’가 낱말 처음에 또는 ‘n,l,s’ 다음에 나오면 혀를 많이 굴리면서 발음한다. 스페인어권 친구에게 물어 정확한 발음을 알도록 하는 것이 좋다.

5) M m eme (에메)

6) ㅂ 비읍 (biɨp)

* Se pronuncia como el español ‘b’ de ‘beca’.

6) B b be (베) / V v uve (우베)

* 스페인어에서는 ‘b’와 ‘v’를 구별없이 [b]로 발음한다. 한국어와 같다.

7) ㅅ 시옷 (siot)

* Se pronuncia como el español ‘s’ de ‘sopa’.

7) S s ese (에세) / C c ce (세) + e, i

* 스페인어에서 ‘c’뒤에 모음 ‘e,i’가 오는 것과 ‘s’는 한국어의 [ㅅ]과 같게 발음한다. ‘ce’나 ‘ci’는 [ㅅ]보다는 강하게 [ㅆ]보다는 약하게 발음된다. 스페인에서는 ‘c’뒤에 모음 ‘e,i’가 오는 것과 ‘z’는 치간음 [Θ]로 발음한다. 이를 중남미식으로 발음하면 한국어의 [ㅅ]에 해당한다.

8) ㅇ 이응 (iɨng)

* En la primera posición no tiene valor fonético.
* Cuando se utiliza en batchim(받침) se pronuncia como el español ‘ng’ de ‘inglés’.
* ‘받침’ es la consonante que viene en la final de la palabra. En el coreano una palabra se forma con ‘una consonante + una vocal’ o con ‘una consonante + una vocal + una consonante’.

8) 스페인어의 ‘-ng’는 한국어에서 받침으로 쓰이는 ‘ㅇ’에 해당한다.

9) ㅈ 지읒 (ziɨt)

* Se pronuncia como el inglés ‘z’ de ‘zip’.

9) 스페인어에는 한국어의 [ㅈ]에 해당하는 발음이 없다.

10) ㅊ 치읓 (chiɨt)

* Se pronuncia muy similar al español ‘ch’ de chico, pero en el lugar más anterior que el español ‘ch’.

11) ㅋ 키읔 (k^hiɨk)

* Se pronuncia como el inglés ‘k’ de ‘king’.

12) ㅌ 티읕 (t^hiɨt)

* Se pronuncia como el inglés ‘t’ de ‘table’.

13) ㅍ 피읖 (p^hiɨp)

* Se pronuncia como el inglés ‘p’ de ‘piano’.

14) ㅎ 히읗 (jiɨt)

* Se pronuncia muy similar al español ‘j’ de mujer, pero en el lugar más anterior de la boca.

10) Ch ch che (체)

* 한국어의 [ㅊ]과 비슷하나 혀를 입천장에 붙여서 끌어 내리면서 발음한다.

11) 스페인어에는 한국어의 [ㅋ]에 해당하는 발음이 없다.

12) 스페인어에는 한국어의 [ㅌ]에 해당하는 발음이 없다.

13) 스페인어에는 한국어의 [ㅍ]에 해당하는 발음이 없다.

14) J j jota (호따) / g + e, i

* 한국어의 [ㅎ]과 비슷하나 후두음으로 목구멍에서 나는 소리이다. 스페인어권 친구에게 물어보아 정확한 발음을 알아두자.

15) F f efe (에훼)

* 아랫입술을 살짝 깨물면서 발음한다.

16) H h hache (아체)

* 어디에 오나 발음하지 않는다.

17) Ll ll elle (에예)

* 하나의 음소로 발음된다. 중남미에서는 [에예]로, 스페인에서는 [엘례]로 발음한다.

18) Ñ ñ eñe (에녜)

19) W w uve doble (우베 도블레)

* 주로 외래어에 사용한다.

20) X x equis (에끼스)

* 모음 앞에서는 [크스], 자음 앞에서는 [스]로 발음한다.

21) Y y i griega (이 그리에가)

* 한국어의 [이]발음이다.

22) Z z zeta (세따)

* 중남미에서는 한국어의 [ㅅ]으로 발음하고, 스페인에서는 치간음 [θ]로 발음한다.

복합자음
[$bok^h apza\text{ɨ}m$]

el grupo consonántico
[엘 그루뽀 꼰소난띠꼬]

06

1) ㄲ 쌍기역 (ssangguiyək)

* Se pronuncia como el español 'c' de 'casa'.

2) ㄸ 쌍디귿 (ssangdiguɨt)

* Se pronuncia como el español 't' de 'tabla'.

3) ㅃ 쌍비읍 (ssangbiɨp)

* Se pronuncia como el español 'p' de 'padre'.

4) ㅆ 쌍시옷 (ssangsiot)

* Se pronuncia como el inglés 's' de 'same'. Es muy similar al español 'ce, ci'. En este libro se transcribe con 'ss'.

5) ㅉ 쌍지읒 (ssangziɨt)

* Se pronuncia como el español 'z' de 'zar'(emperador ruso) especialmente, es decir, hay que intensificar como 'zz'. Así que se transcribe 'zz' en este libro.

6) '받침'(batchim)

* Las consonantes que se usan sólo en la

11

* 아래 설명에 나오는 스페인어 자음은 복합자음이 아니나 옆의 한국어와 같은 발음이므로 편의상 나란히 놓았다.

23) c + a, o, u / Q q cu (꾸) / K k ka(까)

* 'c'뒤에 모음 'a,o,u'가 오거나 'q' 또는 'k'는 한국어의 [ㄲ]처럼 발음된다.
* 'k' 는 주로 외래어에 사용한다.
* 'q'는 'qui' 또는 'que'로만 사용된다.

24) T t te (떼)

25) P p pe (뻬)

26) 스페인어에는 한국어의 [ㅆ]에 해당하는 발음이 없다.

27) 스페인어에는 한국어의 [ㅉ]에 해당하는 발음이 없다.

última posición de la palabra:

1) ㄳ 기역시옷 (guiyəksiot)

2) ㄵ 니은지읒 (niɨnziɨt)

3) ㄶ 니은히읗 (niɨnjiɨt)

4) ㄺ 리을기역 (riɨlguiyək)

5) ㄻ 리을미음 (riɨlmiɨm)

6) ㄼ 리을비읍 (riɨlbiɨp)

7) ㄽ 리을시옷 (riɨlsiot)

8) ㄾ 리을티읕 (riɨlt^hiɨt)

9) ㄿ 리을피읖 (riɨlp^hiɨp)

10) ㅀ 리을히읗 (riɨljiɨt)

11) ㅄ 비읍시옷 (biɨpsiot)

* También se pueden utilizar como 'batchim' las consonantes 'ㄱ,ㄴ,ㄷ,ㄹ, ㅁ,ㅂ,ㅅ,ㅇ,ㅈ,ㅊ,ㅋ,ㅌ,ㅍ,ㅎ,ㄲ,ㅆ'.

* Batchim se pronuncia como el siguiente archifonema :

1) ㄱ, ㅋ, ㄲ, ㄳ, ㄺ → ㄱ / k /

『보기[bogui] ejemplo』

책[chɛk](el libro) / 부엌[buək](la cocina) / 겪다[gyəkta](sufrir) / 몫[mok](la parte) / 닭[dak](el pollo) / 읽다[ikta](leer)

2) ㄴ, ㄵ, ㄶ → ㄴ / n /

『보기[bogui] ejemplo』

편지[p^hyənzi](la carta) / 앉다[anta] (sentarse) / 많은[manɨn](mucho)

3) ㄷ,ㅅ,ㅈ,ㅊ,ㅌ,ㅎ,ㅆ → ㄷ / t /

『보기[bogui] ejemplo』

곧[got](en seguida)/낫[nat](la hoz)/낮[nat](el día)/낯[nat](la cara)/끝[quɨt](el fin)/히읗[jiɨt](nombre de la consonante ‘ㅎ’)/있다[itta](estar/haber)

4) ㄹ,ㄼ,ㄽ,ㄾ,ㅀ → ㄹ / l /

『보기[bogui] ejemplo』

설날[səlral](el primer día del Año Nuevo) / 외곬[øgol](la dirección única) / 핥다[jalta](lamer) / 잃다[iltʰa](perder) → 밟다[bapta](pisar) es un caso excepcional.

5) ㅁ,ㄻ → ㅁ / m /

『보기[bogui] ejemplo』

곰[gom](el oso) / 삶[sam](la vida)

6) ㅂ,ㅍ,ㅄ,ㄿ → ㅂ / p /

『보기[bogui] ejemplo』

법[bəp](la ley) / 앞[ap](delante) / 값[gap](el precio) / 읊다[ɨpta](recitar)

7) ㅇ → ㅇ / ng /

『보기[bogui] ejemplo』

강[gang](el río)

* Batchim influye a la seguida vocal o consonante por la asimilación :

값(gap) precio→값+이(gap + i), pero realmente se pronuncia[gapssi].

못(no) 본(ver)→못+본(mot+bon) realmente se pronuncia [motpon]. En el primer ejemplo se escriben juntas (값이) y en el segundo separadas (못 본). En este libro se escriben como se pronuncian cuando sean asimiladas. También es muy importante la escritura, especialmente, escribir a espacios. Parece muy complicado, pero no se preocupe. Si se acostumbra poco a poco a hablar coreano podrá pronunciarlo bien fácil, para lo cual le servirá si aprende de memoria una combinación de 'una consonante + una vocal' :

가,갸,거,겨,고,교,구,규,그,기

ga,gya,gə,gyə,go,gyo,gu,gyu,guɨ,gui

나,냐,너,녀,노,뇨,누,뉴,느,니

na,nya,nə,nyə,no,nyo,nu,nyu,nɨ,ni

다,댜,더,뎌,도,됴,두,듀,드,디

da,dya,də,dyə,do,dyo,du,dyu,dɨ,di

라,랴,러,려,로,료,루,류,르,리

ra,rya,rə,ryə,ro,ryo,ru,ryu,rɨ,ri

마,먀,머,며,모,묘,무,뮤,므,미

ma,mya,mə,myə,mo,myo,mu,myu,
mɨ,mi

바,뱌,버,벼,보,뵤,부,뷰,브,비

ba,bya,bə,byə,bo,byo,bu,byu,bɨ,bi

사,샤,서,셔,소,쇼,수,슈,스,시

sa,sya,sə,syə,so,syo,su,syu,sɨ,si

아,야,어,여,오,요,우,유,으,이

a,ya,ə,yə,o,yo,u,yu,ɨ,i

자,쟈,저,져,조,죠,주,쥬,즈,지

za,zya,zə,zyə,zo,zyo,zu,zyu,zɨ,zi

차,챠,처,쳐,초,쵸,추,츄,츠,치

cha,chya,chə,chyə,cho,chyo,chu,
chyu,chɨ,chi

카,캬,커,켜,코,쿄,쿠,큐,크,키

k^{h}a,k^{h}ya,k^{h}ə,k^{h}yə,k^{h}o,k^{h}yo,k^{h}u,
k^{h}yu,k^{h}ɨ,k^{h}i

타,탸,터,텨,토,툐,투,튜,트,티

t^{h}a,t^{h}ya,t^{h}ə,t^{h}yə,t^{h}o,t^{h}yo,t^{h}u,t^{h}yu,t^{h}ɨ,t^{h}i

파,퍄,퍼,펴,포,표,푸,퓨,프,피

p^{h}a,p^{h}ya,p^{h}ə,p^{h}yə,p^{h}o,p^{h}yo,p^{h}u,
p^{h}yu,p^{h}ɨ,p^{h}i

하,햐,허,혀,호,효,후,휴,흐,히

ja,jya,jə,jyə,jo,jyo,ju,jyu,jɨ,ji

사전에서의 한글 자모의 순서
[sazənesəɨi janguɨl zamoɨi sunsə]

12

자음 <consonantes>

ㄱ,ㄲ,ㄴ,ㄷ,ㄸ,ㄹ,ㅁ,ㅂ,ㅃ,ㅅ,ㅆ,ㅇ,ㅈ,
ㅉ,ㅊ,ㅋ,ㅌ,ㅍ,ㅎ

모음 <vocales>

ㅏ,ㅐ,ㅑ,ㅒ,ㅓ,ㅔ,ㅕ,ㅖ,ㅗ,ㅘ,ㅙ,ㅚ,ㅛ,
ㅜ,ㅝ,ㅞ,ㅟ,ㅠ,ㅡ,ㅢ,ㅣ

받침자음 <consonantes de batchim>

ㄱ,ㄲ,ㄳ,ㄴ,ㄵ,ㄶ,ㄷ,ㄹ,ㄺ,ㄻ,ㄼ,ㄽ,ㄾ,
ㄿ,ㅀ,ㅁ,ㅂ,ㅄ,ㅅ,ㅆ,ㅇ,ㅈ,ㅊ,ㅋ,ㅌ,ㅍ,ㅎ

el orden del abecedario español en el diccionario
[엘 오르덴 델 아베세다리오 에스빠뇰 엔 엘 딕시오나리오]

13

a,b,c,ch,d,e,f,g,h,i,j,k,l,ll,m,n,ñ,o,p,q,
r, s,t,u,v,w,x,y,z

강세
[gangse]

* En el coreano no hay acento particular.
* En el coreano hay vocal larga y vocal breve y generalmente la vocal larga sale en la primera palabra. Pero en el diálogo no se diferencia mucho y se puede entender en el contexto :

눈: (nun:) nieve / 눈(nun) ojo

밤: (bam:) castaña / 밤(bam) noche

말: (mal:) lengua / 말(mal) caballo

배: (bɛ:) multiplicación / 배(bɛ) vientre, pera

el acento
[엘 아센또]

* 'n,s'를 제외한 모든 자음으로 끝나는 낱말은 맨 마지막 음절에 강세가 있다 :

be-ber[베베르] 마시다

sa-bor[사보르] 맛

* 모음이나 자음 'n,s'로 끝난 낱말은 끝에서 두 번째 음절에 강세가 있다 :

me-sa[메사] 탁자

ton-to[똔또] 바보

* 불규칙하게 강세부호가 찍혀 있는 낱말은 강세부호 표시가 있는 음절에 강세가 있다 :

jar-dín[하르딘] 정원

dón-de[돈데] 어디

억양
[əgyang]

* En el caso de interrogación sólo se eleva el final de la oración :

당신은 의사이십니까?

[dangsinɨn ɨisaisimnica]

아휴, 추워!

[ajyu chuwə]

la entonación
[라 엔또나시온]

* 의문부호와 감탄부호를 문장 앞에 거꾸로 한 번 더 쓰며 의문문은 끝을 올려준다 :

¿Es usted doctor?

[에스 우스뗃 독또르]

¡Qué frío!

[께 후리오]

대문자 사용
[dɛmunzza sayong]

* En el coreano no hay diferencia entre mayúsculas y minúsculas.

Cuando hay confusión del sentido se utiliza la letra china :

장(章) capítulo

장(長) largo

장(場) lugar

장(將) general

장(障) obstáculo

el uso de mayúsculas
[엘 우소 데 마유스꿀라스]

* 문장이 시작할 때, 고유 명사, 그리고 약자에서 대문자를 사용하며 대문자 위에 강세가 오는 경우, 강세 부호는 찍어도 좋고 안 찍어도 무방하다. 영어의 'I'(나)는 언제나 대문자로 쓰지만 스페인어의 'yo'는 문장 처음에 나오는 경우에만 대문자로 쓴다 :

España[에스빠냐] 스페인

entre tú y yo[엔뜨레 뚜 이 요] 너와 나 사이에

CAPITULO/CAPÍTULO[까삐뚤로] 장(章)

어순
[əsun]

el orden de palabras
[엘 오르덴 데 빨라브라스]

* El orden de palabras del coreano es básicamente 'sujeto + objeto + verbo'.
* En la oración interrogativa sólo se eleva el final del verbo ya hecho con la desinencia interrogativa sin cambiar la posición del sujeto :

나는 학교에 간다.

[nanɨn jakcyoe ganda]

→ '-는' es posposición sujetiva.

'-에' es posposición locativa.

'간다' es indicativo, presente del verbo '가다'(ir). En el coreano no se conjuega el verbo depende de las personas.

* 스페인어의 어순은 '주어 + 동사 + 목적어'순이다.
* 의문문에서는 주어와 동사를 바꾸어 말한다 :

Yo voy al colegio.

[요 보이 알 꼴레히오]

→ 'yo'는 인칭대명사로 '나는'에 해당한다.

'voy'는 동사 'ir'(가다)의 직설법, 현재, 1인칭, 단수 변화형이다. 'al'은 전치사 'a'와 특정관사 'el'이 축약된 형태이다. 이처럼 전치사 'a' 와 'de'는 뒤에 특정관사 'el'이 나오면 축약되어 'al'과 'del'로 사용한다. 단, 고유명사가 오면 축약되지 못한다 :

el gobierno de El Salvador.

[엘 고비에르노 데 엘 살바도르]

엘살바도르 정부

너는 학교에 가니?

[nənɨn jakcyoe gani]

→ '가니' es forma interrogativa del indicativo, presente del verbo '가다'(ir).

¿Vas tú al colegio?

[바스 뚜 알 꼴레히오]

→ 'tú'는 인칭대명사로 '너는'에 해당한다. 'vas'는 동사 'ir'(가다)의 직설법, 현재, 2인칭, 단수 변화형이다.

나는 사과를 먹는다.

[nanɨn sagwarɨl məngnɨnda]

→ '-를' es posposición acusativa. '먹는다' es indicativo, presente del verbo '먹다'(comer).

Yo como la manzana.

[요 꼬모 라 만사나]

→ 'como'는 동사 'comer'(먹다)의 직설법, 현재, 1인칭, 단수 변화형이다.

너는 사과를 먹니?

[nənɨn sagwarɨl məngni]

¿Comes tú la manzana?

[꼬메스 뚜 라 만사나]

* En la oración negativa se añade el verbo auxiliar '아니하다' detrás del verbo principal. La forma contractiva de '아니하다' es '않다'. Hay un adverbio de hacer la oración negativa '아니' y su forma contractiva es '안' que se antepone al verbo :

* 부정문에서는 동사 앞에 부정어 'no'를 사용한다 :

나는 학교에 가지 않는다.

[nanɨn jakcyoe gazi annɨnda]

나는 학교에 안 간다.

[nanɨn jakcyoe an ganda]

Yo no voy al colegio.

[요 노 보이 알 꼴레히오]

나는 사과를 먹지 않는다.

[nanɨn sagwarɨl məkzzi annɨnda]

나는 사과를 안 먹는다.

[nanɨn sagwarɨl an məngnɨnda]

Yo no como la manzana.

[요 노 꼬모 라 만사나]

* En el coreano hay flexibilidad de la posición del sujeto. Y encima los inanimados pueden ser sujetos :

갑니다. (sujeto elíptico)

[gamnida]

비가 내린다. (sujeto inanimado)

[biga nɛrinda]

* 스페인어에서는 인칭에 따라 동사가 어미변화를 하므로 혼동의 여지가 없으면 주로 주어를 생략한다. 또한 주어가 없는 문장도 있다 :

Voy. (주어 생략 문장)

[보이]

Llueve. (주어가 없는 문장)

[유에베]

인칭대명사
[inching dɛmyəngsa]

el pronombre personal
[엘 쁘로놈브레 뻬르소날]

* 인칭대명사 [inching dɛmyəngsa] :

  나 [na]

  너 [nə]

  당신 [dangsin]

  그 [guɨ]

  그녀 [guɨnyə]

  우리 [uril]

  너희 [nəji]

  당신들 [dangsindɨl]

  그들 [guɨdɨl]

  그녀들 [guɨnyədɨl]

  → Se puede usar también '우리들' y '너희들'.

* En el coreano hay ustedeo como el español, pero con más variaciones.

* Los pronombres personales funcionan sujetivos u objetivos en la oración con las posposiciones.

* Para hacerlos sujetivos se usa la posposición '-은 / -는' o '-이 / -가' :

* el pronombre personal : [엘 쁘로놈브레 뻬르소날]

  yo [요]

  tú [뚜]

  usted [우스뗃]

  él [엘]

  ella [에야]

  nosotros [노소뜨로스]

  vosotros [보소뜨로스]

  ustedes [우스떼데스]

  ellos [에요스]

  ellas [에야스]

* 'nosotros'와 'vosotros'는 모두 여자들인 경우에 'nosotras'와 'vosotras'로 사용한다.

* 스페인어에도 존칭이 있다. 그러나 한국어처럼 복잡하지는 않고 동사변화는 3인칭에 준한다. 'usted'은 약자로 Ud. 또는 Vd.로 쓰며 'ustedes'는 Uds. 또는 Vds.로 쓴다.

* 사물을 지칭하는 'ello'라는 형태가 있으며 이는 한 가지 형태로만 사용한다.

* 인칭대명사 주격은 위의 기본형이다.

나는 / 내가 [nanɨn / nɛga]

너는 / 네가 [nənɨn / nega]

당신은 / 당신이 [dangsinɨn / dangsini]

그는 / 그가 [guɨnɨn / guɨga]

그녀는 / 그녀가 [guɨnyənɨn / guɨnyəga]

우리는 / 우리가 [urinɨn / uriga]

너희는 / 너희가 [nəjinɨn/nəjiga]

당신들은 / 당신들이

[dangsindɨrɨn / dangsindɨri]

그들은 / 그들이 [guɨdɨrɨn / guɨdɨri]

그녀들은 / 그녀들이

[guɨnyədɨrɨn / guɨnyədɨri]

→ Si quiere expresarse humilde se usa '저는 / 제가' en vez de '나는 / 내가' y '저희는 / 저희가' en vez de '우리는 / 우리가' y si quiere expresar el máximo respeto al que considera se usa '-께서', por ejemplo, '당신께서'(usted), '아버지 께서'(el padre) etc..

* Para hacerlos objetivos indirectos se usa '-에게' y '-에게서' se equivale al ablativo del latín que se usa con la preposición 'de' en el español actual :

나에게 [naegue]

너에게 [nəegue]

* 인칭대명사 간접목적격 :

me [메]

te [떼]

당신에게 [dangsinegue]

그에게 [guɨegue]

그녀에게 [guɨnyəegue]

우리에게 [uriegue]

너희에게 [nəjiegue]

당신들에게 [dangsindɨregue]

그들에게 [guɨdɨregue]

그녀들에게 [guɨnyədɨregue]

→ Si quiere expresar el máximo respeto al que considera se usa '-께', por ejemplo, '당신께'(a usted), '아버지께'(al padre) etc..

le [레]

le [레]

le [레]

nos [노스]

os [오스]

les [레스]

les [레스]

les [레스]

→ 위의 간접목적대명사는 전치사 'a'와 함께 쓸 수도 있으나(a mí, a ti, a usted, a él, a ella, a nosotros, a vosotros, a ustedes, a ellos, a ellas) 주로 대명사 형태를 쓰고 혼동의 여지가 있거나 강조하고자 할 때 덧붙여 사용한다.

* Para hacerlos objetivos directos se usa '-을 / -를' :

나를 [narɨl]

너를 [nərɨl]

당신을 [dangsinɨl]

그를 [guɨrɨl]

그녀를 [guɨnyərɨl]

우리를 [urirɨl]

너희를 [nəjirɨl]

당신들을 [dangsindɨrɨl]

그들을 [guɨdɨrɨl]

그녀들을 [guɨnyədɨrɨl]

* 인칭대명사 직접목적격 :

me [메]

te [떼]

le [레]

lo [로]

la [라]

nos [노스]

os [오스]

les [레스]

los [로스]

las [라스]

* El orden de los objetivos indirectos y directos :

  Generalmente se pone primero el indirecto y luego el directo ante el verbo. Pero no es tan regular como el español.

  나는 너에게 책을 준다.

  [nanɨn nəegue chɛguɨl zunda]

  → En el coreano no hay pronombres equivalentes a 'ello' ni a 'lo / los / la / las' españoles para los no personales. Por eso si es necesario se expresa con los pronombres indicativos '이것'(esto / este / esta), '그것'(eso / ese / esa),

→ 위의 직접목적대명사는 간접목적 대명사와 마찬가지로 전치사 'a'와 함께 쓸 수도 있으나(a mí, a ti, a usted, a él, a ella, a nosotros, a vosotros, a ustedes, a ellos, a ellas) 주로 대명사 형태를 쓰고 혼동의 여지가 있거나 강조하고자 할 때 덧붙여 사용한다. 또한 '당신을 / 당신들을'에서 '당신'이 남성이면 'lo / los'를 '당신'이 여성이면 'la / las'를 사용하기도 한다.

* 간접목적대명사와 직접목적대명사의 순서 :

  간접목적대명사를 먼저 쓰고 직접목적대명사를 쓰며 그 뒤에 동사가 나온다. 그러나 직접목적대명사와 간접목적대명사가 모두 3인칭인 경우 간접목적대명사를 'se'로 바꾸어 쓴다.

  Te doy un libro.

  [떼 도이 운 리브로]

  → 여기서 'un libro'를 대명사로 바꾸면 'lo'가 된다.

'저것'(aquello / aquel / aquella) y su forma plural '이것들'(estos / estas), '그것들'(esos / esas), '저것들'(aquellos / aquellas).

나는 너에게 그것을 준다.

[nanɨn nəegue guɨgəsɨl zunda]

나는 그에게 책을 준다.

[nanɨn guɨegue chεguɨl zunda]

나는 그에게 그것을 준다.

[nanɨn guɨegue guɨgəsɨl zunda]

* Para hacerlos posesivos se usa la posposición '-의' :

나의 [naɨi]

너의 [nəɨi]

당신의 [dangsinɨi]

그의 [guɨ-ɨi]

그녀의 [guɨnyəɨi]

우리의 [uriɨi]

너희의 [nəjiɨi]

당신들의 [dangsindɨrɨi]

그들의 [guɨdɨrɨi]

Te lo doy.

[떼 로 도이]

Le doy un libro.

[레 도이 운 리브로]

→ 여기서 'un libro'가 대명사 'lo'로 바뀌어 앞으로 나가면 'le lo doy'가 된다. 이때 'le' 를 'se' 로 바꾸어야 한다.

Se lo doy.

[세 로 도이]

* 인칭대명사 소유격 :

mi [미]

tu [뚜]

su [수]

su [수]

su [수]

nuestro [누에스뜨로]

vuestro [부에스뜨로]

su [수]

su [수]

그녀들의 [guɨnyədɨrɨi]

→ No es necesario concordar el género y número entre el sustantivo y el adjetivo porque en el coreano no hay género. Para pluralizar el sustantivo y el adjetivo se usa el sufijo '-들'. En el coreano no hay posesivos pospuestos. Se ponen los posesivos ante el sustantivo :

나의 책 / 나의 책들

[naɨi chɛk / naɨi chɛktɨl]

나의 집 / 나의 집들

[naɨi zip / naɨi ziptɨl]

su [수]

→ 위의 소유격은 형용사이다. 스페인어에서 형용사는 명사의 성과 수에 일치시킨다. 그리고 형용사는 주로 명사의 뒤에 위치한다. 위의 소유형용사는 명사의 앞에 위치하며 뒤에 나오는 명사가 복수이면 그 복수형(mis, tus, sus, sus, sus, nuestros vuestros, sus, sus, sus)을 써야하고 뒤에 나오는 명사가 여성이면 'nuestro'와 'vuestro'는 'nuestra'와 'vuestra'로 바뀐다. 또한 명사의 뒤에 쓰는 소유형용사 후치형(mío, tuyo, suyo, nuestro vuestro, suyo)이 있는데 이것들도 앞의 명사가 복수이면 복수어미 '-s'를 붙여주고 앞의 명사가 여성이면 어미 '-o'를 여성형 어미 '-a'로 바꾸어 준다. 후치형은 전치형에 비해 보다 강조적이다 :

mi libro / mis libros

[미 리브로 / 미스 리브로스]

libro mío / libros míos

[리브로 미오 / 리브로스 미오스]

mi casa / mis casas

[미 까사 / 미스 까사스]

나의 검은 책 / 나의 검은 책들

[naɨi gəmɨn chɛk / naɨi gəmɨn chɛktɨl]

나의 하얀 집 / 나의 하얀 집들

[naɨi jayan zip / naɨi jayan ziptɨl]

* El pronombre posesivo es '것' para el singular y '것들' para el plural :

나의 것 / 나의 것들

[naɨi gət / naɨi gəttɨl]

우리의 것 / 우리의 것들

[uriɨi gət / uriɨi gəttɨl]

→ También se puede decir '우리들의 것 / 우리들의 것들'.

casa mía / casas mías

[까사 미아 / 까사스 미아스]

mi libro negro / mis libros negros

[미 리브로 네그로/미스 리브로스 네그로스]

mi casa blanca / mis casas blancas

[미 까사 블랑까 / 미스 까사스 블랑까스]

* 소유대명사는 특정관사와 소유형용사 후치형으로 만든다 :

el mío / los míos

[엘 미오 / 로스 미오스]

la mía / las mías

[라 미아 / 라스 미아스]

el nuestro / los nuestros

[엘 누에스뜨로 / 로스 누에스뜨로스]

la nuestra / las nuestras

[라 누에스뜨라 / 라스 누에스뜨라스]

동사
[dongsa]

* En el coreano el verbo termina en '-하다' o '-다' :

공부하다 [gongbujada]

먹다 [məkta]

살다 [salda]

* La desinencia del tiempo presente del indicativo es '-ㄴ다 / -니?'. También se puede usar la forma contractiva '-해 / -해?' para los verbos que terminan en '-하다' y '-어, -아 / -어?, -아?' para los que terminan en '-다' :

공부하니? / 공부한다.

[gongbujani / gongbujanda]

공부해? / 공부해.

[gongbujɛ / gongbujɛ]

먹니? / 먹는다.[məngni / məngnɨnda]

먹어? / 먹어.[məgə / məgə]

사니? / 산다.[sani / sanda]

살아? / 살아.[sara / sara]

* En el coreano no se conjuega el verbo depende de las personas :

나는 공부한다.[nanɨn gongbujanda]

너는 공부한다.[nənɨn gongbujanda]

el verbo
[엘 베르보]

* 스페인어에서 동사는 '-ar', '-er', '-ir'로 끝난다 :

estudiar [에스뚜디아르]

comer [꼬메르]

vivir [비비르]

* 직설법 현재 규칙 어미변화 :

-ar (-o, -as, -a, -amos, -áis, -an)

-er (-o, -es, -e, -emos, -éis, -en)

-ir (-o, -es, -e, -imos, -ís, -en)

→ 많은 불규칙 변화가 있으므로
그때그때 하나씩 외우도록 한다.

Yo estudio. [요 에스뚜디오]

Tú estudias. [뚜 에스뚜디아스]

Usted estudia. [우스뗀 에스뚜디아]

Él estudia. [엘 에스뚜디아]

Ella estudia. [에야 에스뚜디아]

Nosotros estudiamos.

[노소뜨로스 에스뚜디아모스]

Vosotros estudiáis.

[보소뜨로스 에스뚜디아이스]

Ustedes estudian.

[우스떼데스 에스뚜디안]

당신은 공부합니다.

[dangsinɨn gongbujamnida]

Ellos estudian.

[에요스 에스뚜디안]

Ellas estudian.

[에야스 에스뚜디안]

* Hay varios tipos de ustedeo '-요 / -요?', '-ㅂ니다 / -ㅂ니까?' y '-십니다 / -십니까?' etc. y se usa no sólo para respetar a los mayores sino para expresarse humilde el hablante mismo :

순이는 무엇을 하니? (tuteo)

[suninɨn muəsɨl jani]

¿Qué hace Suni?

[께 아세 수니]

순이는 스페인어를 공부해. (tuteo)

[suninɨn sɨpheinərɨl gongbujɛ]

Suni estudia español.

[수니 에스뚜디아 에스빠뇰]

순이는 무엇을 하나요?

[suninɨn muəsɨl janayo]

순이는 스페인어를 공부해요.

[suninɨn sɨpheinərɨl gongbujɛyo]

순이는 무엇을 합니까?

[suninɨn muəsɨl jamnica]

순이는 스페인어를 공부합니다.

[suninɨn sɨpheinərɨl gongbujamnida]

어머니는 무엇을 하십니까?

[əməninɨn muəsɨl jasimnica]

¿Qué hace la madre?

[께 아세 라 마드레]

어머니는 스페인어를 공부하십니다.

[əməninɨn sɨpheinərɨl gongbujasimnida]

La madre estudia español.

[라 마드레 에스뚜디아 에스빠뇰]

→ Aquí para el máximo respeto se puede usar '어머니께서는' o '어머님께서는' en vez de '어머니는'.

* La desinencia del tiempo pasado del indicativo es '-ㅆ다 / -ㅆ니?' y el ustedeo es '-ㅆ어요 / -ㅆ어요?', '-ㅆ습니다 / -ㅆ습니까?' o '-셨습니다 / -셨습니까?' :

너는 공부하였니?

[nənɨn gongbujayənni]

그래, 공부하였다.

[guɨrɛ gongbujayətta]

응, 공부하였어. [ɨng gongbujayəssə]

→ Para decir 'sí' entre amigos se usa '응 / 그래' y su forma de ustedeo es '예' y para decir 'no' entre amigos se usa '아니' y su forma de ustedeo es '아니요'.

너는 공부하였니?

[nənɨn gongbujayənni]

예, 공부하였어요.

[ye gongbujayəssəyo]

어머니께서는 공부하셨습니까?

[əməniquesənɨn gongbujasyətssɨmnica]

* 직설법 불특정과거 규칙 어미변화 :

-ar(-é, -aste, -ó, -amos, -asteis, -aron)

-er(-í, -iste, -ió, -imos, -isteis, -ieron)

-ir(-í, -iste, -ió, -imos, -isteis, -ieron)

* 직설법 불완료과거 규칙 어미변화 :

-ar(-aba, -abas, -aba, -ábamos, -abais, -aban)

-er(-ía, -ías, -ía, -íamos, -íais, -ían)

-ir(-ía, -ías, -ía, -íamos, -íais, -ían)

* 불특정과거는 과거의 한 시점을 표현하며 불완료과거는 과거에 불규칙하게 반복된 것이나 어느 정도 시간이 걸린 것을 표현한다 :

Yo entré y él salió.

[요 엔뜨레 이 엘 살리오]

나는 들어가고 그는 나갔다.

Cuando entré él estudiaba coreano.

[꾸안도 엔뜨레 엘 에스뚜디아바 꼬레아노]

내가 들어갔을 때 그는 한국어를 공부하고 있었다.

예, 공부하셨습니다.

[ye, gongbujasyətssɨmnida]

→ Aquí '하였다' se puede contraer como '했다','했어요' y '했습니다'.

너는 공부했니?

[nənɨn gongbujɛnni]

응, 공부했어.

[ɨng gongbujɛssə]

예, 공부했어요.

[ye, gongbujɛssəyo]

예, 공부했습니다.

[ye, gongbujɛtssɨmnida]

* Para la repetida acción se usa '-곤 하다' en el tiempo presente y '-곤 하였다' en el tiempo pasado :

공부하곤 한다. [gongbujagon janda]

공부하곤 하였다.[gongbujagon jayətta]

먹곤 한다. [məkcon janda]

먹곤 하였다. [məkcon jayətta]

살곤 한다. [salgon janda]

살곤 하였다. [salgon jayətta]

* '-겠다 / -겠니?', '-ㄹ래 / -ㄹ래? o '-ㄹ게' son las desinencias del tiempo futuro del indicativo y '-ㄹ 거니?' es la contracción de '-ㄹ 것이니?'. :

Comíamos la comida coreana los domingos.

[꼬미아모스 라 꼬미다 꼬레아나 로스 도밍고스]

우리들은 일요일이면 한식을 먹곤 하였다.

* 직설법 미래 규칙 어미변화 :

'-ar / -er / -ir'이 모두 같다. 즉, 본동사에 어미(-é, -ás, -á, -emos, -éis, -án)를 붙인다 :

너는 그것을 내일 먹겠니?

[nəɨnɨn guɨgəsɨl nɛil məkquenni]

웅, 내일 먹겠다.

[ɨng, nɛil məkquetta]

너는 그것을 내일 먹을 거니?

[nəɨnɨn guɨgəsɨl nɛil məguɨlcəni]

웅, 내일 먹을게.

[ɨng, nɛil məguɨlque]

당신은 그것을 내일 드실 겁니까?

(ustedeo)

[dangsinɨn guɨgəsɨl nɛil dɨsilcəmnica]

→ '드시다' es el verbo de respeto del verbo '먹다'(comer).

예, 내일 먹을게요.(ustedeo)

[ye, nɛil məguɨlqueyo]

예, 내일 먹겠어요.(ustedeo)

[ye, nɛil məkquessəyo]

예, 내일 먹겠습니다.(ustedeo)

[ye, nɛil məkquetssɨmnida]

¿Lo comerás mañana?

[로 꼬메라스 마냐나]

Sí, lo comeré mañana.

[시, 로 꼬메레 마냐나]

¿Lo comerá usted mañana?

[로 꼬메라 우스뗃 마냐나]

Sí, lo comeré mañana.

[시, 로 꼬메레 마냐나]

* No hay diferencia entre el pretérito y el pretérito perfecto :

나는 오늘 아침 순이를 보았다.

[nanɨn onɨl achim sunirɨl boatta]

* 현재완료, 과거완료, 미래완료는 조동사 'haber'의 변화형에 본동사의 과거분사를 사용하여 표현한다. 현재완료는 그 기준 시점이 현재가 된다 :

He visto a Suni esta mañana.

[에 비스또 아 수니 에스따 마냐나]

나는 어제 순이를 보았다.

[nanɨn əze sunirɨl boatta]

Ayer vi a Suni.

[아예르 비 아 수니]

→ 'he'는 조동사 'haber'의 직설법 현재 1인칭 변화형이며 'visto'는 동사 'ver'(보다)의 과거분사로 이 둘이 합쳐져 현재완료를 표현한 것이다.

'a'는 사람이 직접목적어가 되는 경우 그 앞에 붙인다.

'mañana'는 부사로 '내일'이라는 뜻이고 'la mañana'는 명사로 '아침'이라는 뜻이다. 'ayer'는 '어제'이며 'vi'는 동사 'ver'(보다)의 직설법 불특정과거 1인칭 변화형이다.

* Para el pluscuamperfecto del indicativo se usa '-ㅆ었다'. Pero no hay tanta diferencia entre el pretérito indefinido y el pluscuamperfecto. Por eso para aclarar se añade el adverbio '이미'(ya) o el verbo auxiliar '버리다' :

내가 도착했을 때 그는 이미 나갔었다.

[nɛga dochak^{h}ɛssɨl tɛ guinɨn imi nagassətta]

* 한국어로는 현재완료와 불특정과거가 구별이 되지 않아 한국어를 사용하는 사람에게는 다소 어려움이 있다. 그러므로 'hoy'(오늘), 'esta mañana'(오늘 아침), 'este año'(올해) 등과는 현재완료를 사용하고 'ayer'(어제), '어젯밤'(anoche) 등과는 불특정과거를 사용한다고 알아두면 조금은 도움이 된다.
* 과거완료는 그 기준 시점이 과거가 된다 :

내가 도착했을 때 그는 이미 나가 버렸다.

[nɛga dochakʰɛssɨltɛ guɨnɨn imi naga bəryətta]

Cuando llegué él había salido.

[꾸안도 예게 엘 아비아 살리도]

* Para el futuro perfecto se usa '-ㅆ겠다' :

모레는 내가 서울에 도착했겠다.

[morenɨn nɛga səure dochakʰɛtquetta]

* 미래완료는 그 기준시점이 미래가 된다 :

Habré llegado a Seúl pasado mañana.

[아브레 예가도 아 세울 빠사도 마냐나]

* Para el caso de futuro hipotético se usa '-ㄹ걸', '-려니', '-겠거니' en el presente y '-ㅆ을 걸', '-ㅆ으려니', '-ㅆ겠거니' en el pasado etc. :

* 가상미래형은 과거에서의 미래나 시제와 상관없이 추측이나 겸손을 표현하며 규칙변화는 본동사에다 어미(-ía, -ías, -ía, -íamos, -íais, -ían)를 붙여 사용한다 :

순이는 학교에 갈 걸.

[suninɨn jakcyoe gal cəl]

Suni iría al colegio.

[수니 이리아 알 꼴레히오]

순이는 학교에 갈 걸요.(ustedeo)

[suninɨn jakcyoe gal cəryo]

순이는 학교에 갈 겁니다.(ustedeo)

[suninɨn jakcyoe gal cəmnida]

순이가 학교에 가려니 생각한다.

[suniga jakcyoe garyəni sɛnggakʰanda]

Pienso que Suni iría al colegio.

[삐엔소 께 수니 이리아 알 꼴레히오]

순이가 학교에 가려니 생각해요.

(ustedeo)

[suniga jakcyoe garyəni sɛnggak^{h}ɛyo]

순이가 학교에 가려니 생각합니다.

(ustedeo)

[suniga jakcyoe garyəni sɛnggak^{h}amnida]

그는 그 다음 날 가겠다고 말했다.

[guɨnɨn guɨ daɨm nal gaguettago maljɛtta]

몇 시쯤 되었을까?

[myətssizzɨm døəssɨlca]

몇 시쯤 되었었을까?

[myətssizzɨm døəssəssɨlca]

순이와 말할 수 있을까요?(ustedeo)

[suniwa maljal ssu issɨlcayo]

아버지께서 학교에 가시려니 생각해요.(ustedeo)

[abəziquesə jakcyoe gasiryəni sɛnggak^{h}ɛyo]

아버지께서 학교에 가시려니 생각합니다.(ustedeo)

[abəziquesə jakcyoe gasiryəni sɛnggak^{h}amnida]

Él dijo que iría al día siguiente.

[엘 디호 께 이리아 알 디아 시기엔떼]

¿Qué hora sería?

[께 오라 세리아]

¿Qué hora sería?

[께 오라 세리아]

¿Podría hablar con Suni?

[뽀드리아 아블라르 꼰 수니]

Pienso que el padre iría al colegio.

[삐엔소 께 엘 빠드레 이리아 알 꼴레히오]

* Si quiere expresar el respeto al que va al colegio debe usar '가시다' en vez de '가다'(ir), o sea, '-시다', la forma general de ustedeo del verbo en el presente, '-셨다' en el pasado, '-셨었다' en el pluscuamperfecto y '-실 것이다' en el futuro. Pero algunos verbos más usuales tienen otro verbo de respeto :

아버지께서 일하신다.

[abəziquesə iljasinda]

아버지께서 일하셨다.

[abəziquesə iljasyətta]

아버지께서 일하셨었다.

[abəziquesə iljasyəssətta]

아버지께서 일하실거다.

[abəziquesə iljasilcəda]

아버지께서 아침을 드신다.

[abəziquesə achimɨldɨsinda]

아버지께서 아침을 드셨다.

[abəziquesə achimɨldɨsyətta]

* 스페인어에서의 존칭은 당신(usted)일 경우 3인칭 단수로, 당신들(ustedes)일 경우 3인칭 복수로 동사를 변화시켜 사용하면 되므로 한국어의 존칭보다는 아주 간단하다. 스페인어권 친구에게 다양한 한국어의 존칭 표현을 친절하게 설명하도록 하자 :

El padre trabaja.

[엘 빠드레 뜨라바하]

El padre ha trabajado.

[엘 빠드레 아 뜨라바하도]

El padre trabajó.

[엘 빠드레 뜨라바호]

El padre trabajaba.

[엘 빠드레 뜨라바하바]

El padre había trabajado.

[엘 빠드레 아비아 뜨라바하도]

El padre trabajará.

[엘 빠드레 뜨라바하라]

El padre desayuna.

[엘 빠드레 데사유나]

El padre ha desayunado.

[엘 빠드레 아 데사유나도]

아버지께서 아침을 드셨었다.

[abəziquesə achimɨl dɨsyəssətta]

아버지께서 아침을 드실거다.

[abəziquesə achimɨl dɨsilcəda]

El padre desayunó.

[엘 빠드레 데사유노]

El padre desayunaba.

[엘 빠드레 데사유나바]

El padre había desayunado.

[엘 빠드레 아비아 데사유나도]

El padre desayunará.

[엘 빠드레 데사유나라]

* Para el modo imperativo afirmativo si el verbo termina en '-하다' se usa '-해 / -해라' y en los demás verbos '- / -라 / -어 / -어라'. La forma '-해 / - / -어'(공부해 / 가 / 먹어) también se puede usar en el presente del indicativo como el estilo conversacional. Y para el imperativo negativo se usa '-지 마 / -지 마라 / -하지 마 / -하지 마라' :

* 명령법의 규칙 어미변화는 너(tú)와 너희들(vosotros)의 긍정 명령인 경우는 '-ar'은 '-a'와 '-ad'이고 '-er'은 '-e'와 '-ed'이며, '-ir'은 '-e'와 '-id'이다. 부정 명령을 포함하여 모든 다른 명령에서는 접속법 어미변화를 사용한다. 접속법 규칙 어미변화는 다음과 같다 :

접속법 현재

-ar(-e, -es, -e, -emos, -éis, -en)

-er(-a, -as, -a, -amos, -áis, -an)

-ir(-a, -as, -a, -amos, -áis, -an)

접속법 과거

-ar(-ara, -aras, -ara, -áramos, -arais, -aran) 또는

(-ase, -ases, -ase, -ásemos, -aseis, -asen)

-er(-iera, -ieras, -iera, -iéramos, -ierais, -ieran) 또는 (-iese, -ieses, -iese, -iésemos, -ieseis, -iesen)

-ir(-iera, -ieras, -iera, -iéramos, -ierais, -ieran) 또는 (-iese, -ieses, -iese, -iésemos, -ieseis, -iesen)

→ 접속법 과거의 '-ra'형과 '-se'형은 그 중 어느 것을 사용하여도 무방하다.

너, 공부해.

[nə, gongbujɛ]

Estudia.

[에스뚜디아]

너희들, 공부해.

[nəjidɨl, gongbujɛ]

Estudiad.

[에스뚜디앋]

너, 먹어.

[nə, məgə]

Come.

[꼬메]

너희들, 먹어.

[nəjidɨl, məgə]

Comed.

[꼬멘]

너, 공부하지 마.

[nə, gongbujazi ma]

No estudies.

[노 에스뚜디에스]

너희들, 공부하지 마.

[nəjidɨl, gongbujazi ma]

No estudiéis.

[노 에스뚜디에이스]

당신, 공부하십시오.(ustedeo)

[dangsin, gongbujasipssio]

Estudie.

[에스뚜디에]

당신, 공부하지 마십시오.(ustedeo)

[dangsin, gongbujazi masipssio]

No estudie.

[노 에스뚜디에]

당신, 드십시오.(ustedeo)

[dangsin, dɨsipssio]

당신, 드시지 마십시오.(ustedeo)

[dangsin, dɨsizi masipssio]

Coma.

[꼬마]

No coma.

[노 꼬마]

* Para decir '¡Buen provecho!', 'Que aproveche' se dice '많이 드십시오' o '맛있게 드십시오' en que '많이' es 'mucho' y '맛있게' es 'sabroso'.

* En el coreano hay otra forma del modo imperativo '-게 / -시게' o '-게나 / -시게나' que es entre el tuteo y el ustedeo, o sea, los mayores la usan a los menores que no sean tanto menores. Su pronombre personal es '자네' :

자네, 공부하게.

[zane, gongbujague]

자네, 공부하지 말게.

[zane, gongbujazi malgue]

자네, 드시게.

[zane, dɨsigue]

자네, 드시지 마시게.

[zane, dɨsizi masigue]

*스페인어에는 한국어의 '자네'에 해당하는 인칭은 따로 없다.

* Para decir imperativo a 'nosotros' se usa '-자' de tuteo y '-ㅂ시다' de ustedeo :

* '우리들'에게 명령을 사용할 경우는 'vamos a inf.' 또는 접속법을 사용한다 :

공부하자.

[gongbujaza]

공부합시다.(ustedeo)

[gongbujapssida]

Vamos a estudiar.

[바모스 아 에스뚜디아르]

Estudiemos.

[에스뚜디에모스]

* En el coreano no hay oraciones subordinadas. Así que no hay conjunciones compuestas ni relativos como el español. Haciendo la oración subordinada nominativa con '-는 것 / -기' se usa con las posposiciones necesarias que funciona como adjetivo, sujetivo u objetivo de la oración principal :

* 접속법은 위에서 설명한 명령법에 사용되는 외에 주절이 희망, 감정, 금지, 명령, 불확실 등을 표현하면서 주절과 종속절의 주어가 다르면 종속절에서 접속법을 사용한다. 또한 주절이 과거면 종속절도 과거로 시제를 일치시킨다 :

나는 순이가 한국어를 공부하기를 바란다.[nanɨn suniga jangugərɨl gongbujaguirɨl baranda]

→ Aquí '-기' agrupa la oración '순이가 한국어를 공부하다' que funciona como objeto del verbo '바라다'(esperar) con la posposición acusativa '-를' que se suele omitir, '나는 순이가 한국어를 공부하기 바란다'.

Espero que Suni estudie el coreano.

[에스뻬로 께 수니 에스뚜디에 엘 꼬레아노]

나는 순이가 한국어를 공부하는 것이 기쁘다.

[nanɨn suniga jangugərɨl gongbujanɨn gəsi guipɨda]

Estoy alegre de que Suni estudie el coreano.

[에스또이 알레그레 데 께 수니 에스뚜디에 엘 꼬레아노]

→ Aquí '-것' agrupa la oración '순이가 한국어를 공부하다' y con la posposición sujetiva '-이' se hace sujeto del adjetivo predicativo '기쁘다' que permite dos sujetos, '나는' y '-것이'. En el coreano el adjetivo tiene dos funciones, predicativa y calificativa.

나는 순이에게 가지 말라고 말한다.

[nanɨn suniegue gazi malrago maljanda]

→ Aquí la desinencia '-고' agrupa la oración imperativa '순이는 가지 마라' y la hace complemento adverbial de la oración principal, para la cual se cambia la posposición sujetiva de '-는' de '순이는' a la posposición indirectiva '-에게' de '순이에게'.

Le digo a Suni que no vaya.

[레 디고 아 수니 께 노 바야]

순이가 정시에 도착한다는 것은 확실하지 않다.

[suniga zəngsie dochak^handanɨn gəsɨn jwakssiljazi ant^ha]

No es cierto que Suni llegue a tiempo.

[노 에스 시에르또 께 수니 예게 아 띠엠뽀]

순이가 정시에 도착할 지는 확실하지 않다.

[suniga zəngsie dochak^{h}al zzinɨn jwakssiljazi ant^{h}a]

순이가 정시에 도착하는 지는 확실하지 않다.

[suniga zəngsie dochak^{h}anɨn zinɨn jwakssiljazi ant^{h}a]

→ La forma contractiva de '확실하지' es '확실치'.

La desinencia '-ㄴ지' es de tiempo presente y '-ㄹ 지' es de tiempo futuro. El verbo auxiliar '아니하다'(no hacer) o '못하다'(no poder) hace la oración negativa. Si se antepone al verbo principal la forma es '못' o '아니' y ya no es verbo sino adverbio. La forma contractiva de '아니하다' es '않다' y '아니' es '안'.

→ 이 문장은 한국어로는 다양하게 표현 할 수 있으나 스페인어로는 차이가 없다. 한국어에는 이렇듯 동사, 형용사, 부사의 활용 어미가 다양하다.

* Así que hay muchas desinencias de los verbos, adjetivos y adverbios en el coreano, por lo cual los que quieran estudiar coreano se sienten difícil. Al revés los coreanos que quieran estudiar español no pueden entender

* 이렇게 많은 어미변화로 인해 한국어를 배우려고 하는 외국인들이 한국어를 어렵다고 느낀다. 반면에 스페인어를 배우려고 하는 한국 사람들은 스페인어의 접속법 용법을 잘 이해하지 못하며 많은 동사변화로 고충을 겪는다.

bien el uso del subjuntivo y sufren mucho por las conjugaciones verbales.

순이가 정시에 도착했는지는 확실하지 않았다.	**No era cierto que Suni llegara a tiempo.**
[suniga zəngsie dochakʰɛnnɨnzinɨn jwakssiljazi anatta]	[노 에라 시에르또 께 수니 예가라 아 띠엠뽀]
순이가 정시에 도착했었는지는 확실하지 않았다.	**No era cierto que Suni hubiera llegado a tiempo.**
[suniga zəngsie dochakʰɛssənnɨnzinɨn jwakssiljazi anatta]	[노 에라 시에르또 께 수니 우비에라 예가도 아 띠엠뽀]
나는 그가 많은 돈을 갖고 있다고 믿지 않는다.	**No creo que él tenga mucho dinero.**
[nanɨn guɨga manɨn donɨl gatco ittago mitzzi annɨnda]	[노 끄레오 께 엘 뗑가 무초 디네로]
나는 그가 많은 돈을 갖고 있었다고 믿지 않았다.	**No creía que él tuviera mucho dinero.**
[nanɨn guɨga manɨn donɨl gatco issəttago mitzzi anatta]	[노 끄레이아 께 엘 뚜비에라 무초 디네로]
나는 당신이 좋아지셔서 기쁩니다.	**Me alegro que esté mejor.**
[nanɨn dangsini zoazisyəsə guipɨmnida]	[메 알레그로 께 에스떼 메호르]
나는 당신이 좋아지셨어서 기뻤습니다.	**Me alegraba que estuviera mejor.**
[nanɨn dangsini zoazisyəssəsə guipətssɨmnida]	[메 알레그라바 께 에스뚜비에라 메호르]

나는 그에게 떠나라고 명령한다.

[nanɨn guɨegue tənarago myəngnyəngjanda]

Le mando que se marche.

[레 만도 께 세 마르체]

나는 그에게 떠나라고 명령했다.

[nanɨn guɨegue tənarago myəngnyəngjɛtta]

Le mandé que se marchara.

[레 만데 께 세 마르차라]

나는 그에게 너를 도와주도록 말한다.

[nanɨn guɨegue nərɨl dowazudorok maljanda]

Yo le digo para que te ayude.

[요 레 디고 빠라 께 떼 아유데]

나는 그에게 너를 도와주도록 말했다.

[nanɨn guɨegue nərɨl dowazudorok maljɛtta]

Yo le dije para que te ayudara.

[요 레 디헤 빠라 께 떼 아유다라]

그가 똑똑하지는 않더라도 열심인 사람이다.

[guɨga toktok^{h}azinɨn ant^{h}ərado yəlssimin saramida]

Aunque él no sea inteligente, es un trabajador.

[아웅께 엘 노 세아 인뗄리헨떼 에스 운 뜨라바하도르]

그가 똑똑하지는 않았더라도 열심인 사람이었다.

[guɨga toktok^{h}azinɨn anattərado yəlssimin saramiətta]

Aunque él no fuera inteligente, era un trabajador.

[아웅께 엘 노 후에라 인뗄리헨떼 에라 운 뜨라바하도르]

그녀는 마치 여자아이처럼 운다.

[guɨnyənɨn machi yəzaaichərəm unda]

Ella llora como si fuera una niña.

[에야 요라 꼬모 시 후에라 우나 니냐]

그녀는 마치 여자아이처럼 울었다.

[guɨnyənɨn machi yəzaaichərəm urətta]

Ella lloraba como si fuera una niña.

[에야 요라바 꼬모 시 후에라 우나 니냐]

내가 돈이 있다면 스페인으로 여행을 가겠지만.

[nεga doni ittamyən sɨpʰeinɨro yəjεng-ɨl gaguetzziman]

내가 돈이 있었다면 스페인으로 여행을 갔었겠지만.

[nεga doni issəttamyən sɨpʰeinɨro yəjεng-ɨl gassətquetzziman]

제발 네가 돈을 아끼기를!

[zebal nega donɨl aquiguirɨl]

네가 아무리 서둘러도 제 시간에 도착하지 못할 것이다.

[nega amuri sədulrədo ze sigane dochakʰazi motʰalcəsida]

네가 아무리 서둘렀어도 제 시간에 도착하지 못했을 것이다.

[nega amuri sədulrəssədo ze sigane dochakʰazi motʰεssɨlcəsida]

→ 'como si'(마치/처럼) 와는 항상 접속법 과거를 사용한다.

Si tuviera dinero, viajaría por España.

[시 뚜비에라 디네로 비아하리아 뽀르 에스빠냐]

Si hubiera tenido dinero, habría viajado por España.

[시 우비에라 떼니도 디네로 아브리아 비아하도 뽀르 에스빠냐]

→ 위와 같은 문장을 가정문이라고 한다.

¡Ojalá ahorres dinero!

[오할라 아오ㄹ레스 디네로]

¡Ojalá ahorraras dinero!

[오할라 아오ㄹ라라스 디네로]

→ 'Ojalá'는 접속법 과거나 과거완료를 사용할 수 있다.

Por más que te apures, no llegarás a tiempo.

[뽀르 마스 께 떼 아뿌레스 노 예가라스 아 띠엠뽀]

Por más que te apuraras, no llegarías a tiempo.

[뽀르 마스 께 떼 아뿌라라스 노 예가리아스 아 띠엠뽀]

사장님과 말하고 싶습니다.

[sazangnimgwa maljago sipssɨmnida]

Quisiera hablar con el señor presidente.

[끼시에라 아블라르 꼰 엘 세뇨르 쁘레시덴떼]

→ 동사 'querer' 나 'poder'는 현재에서 접속법 과거를 사용함으로써 겸손을 표현한다.

* Para hacer la oración progresiva se usa '-고 있다' en el presente, '-고 있었다' en el pasado y '-고 있을 것이다' en el futuro :

* 진행형은 동사 'estar'와 현재분사를 사용하여 표현한다. '-ar'의 현재분사형은 '-ando'이고 '-er'과 '-ir'의 현재분사형은 '-iendo'이다 :

나는 공부하고 있다.

[nanɨn gongbujago itta]

나는 공부하고 있어요.(ustedeo)

[nanɨn gongbujago issəyo]

나는 공부하고 있습니다.(ustedeo)

[nanɨn gongbujago itssɨmnida]

Yo estoy estudiando.

[요 에스또이 에스뚜디안도]

나는 공부하고 있었다.

[nanɨn gongbujago issətta]

나는 공부하고 있었어요.(ustedeo)

[nanɨn gongbujago issəssəyo]

나는 공부하고 있었습니다.(ustedeo)

[nanɨn gongbujago issətssɨmnida]

Yo estaba estudiando.

[요 에스따바 에스뚜디안도]

→ 단, 스페인어는 불완료과거로 과거 진행을 표현할 수 있다.

나는 공부하고 있을 것이다.

[nanɨn gongbujago issɨlcəsida]

나는 공부하고 있을 거예요.(ustedeo)

[nanɨn gongbujago issɨlcəyeyo]

Yo estaré estudiando.

[요 에스따레 에스뚜디안도]

나는 공부하고 있을 것입니다.

(ustedeo)

[nanɨn gongbujago issɨlcəsimnida]

→ Aquí si el hablante quiere expresarse humilde puede usar '저는' en vez de '나는'. y si el que ejecuta la acción del verbo '공부하다' en este ejemplo es mayor que el hablante hay que usar '-고 계신다' en el presente, '-고 계셨다' en el pasado y '-고 계실 것이다' en el futuro. El verbo de respeto de '있다'(estar /hay) es '계시다' :

아버지께서 공부하고 계신다.

[abəziquesə gongbujago gyesinda]

아버지께서 공부하고 계세요.

[abəziquesə gongbujago gyeseyo]

아버지께서 공부하고 계십니다.

[abəziquesə gongbujago gyesimnida]

El padre está estudiando.

[엘 빠드레 에스따 에스뚜디안도]

* Para expresar la pasiva hay que hacer el verbo transitivo a la forma pasiva con '-히다 /-이다 / -리다 / -기다' etc., y si se necesita expresar el agente lo ponemos con '-에게/-에 의해' :

* 스페인어에서 수동문은 2가지가 있다. 하나는 동사 'ser'와 과거분사로 이루어지며 이 때 행위자는 'por / de / en' 등의 전치사와 함께 쓰인다. 다른 하나는 행위자가 불투명하거나 굳이 행위자를 표현할 필요가 없는 경우로 동사를

보다(ver) / 보이다(ser visto)
놓다(poner) / 놓이다(ser puesto)
밟다(pisar) / 밟히다(ser pisado)
쓸다(barrer) / 쓸리다(ser barrido)
씻다(lavar) / 씻기다(ser lavado)
잡다(arrestar) / 잡히다(ser arrestado)

군인들이 바닥을 쓸었습니다.
[gunindɨri badaguɨl ssɨrətssɨmnida]

군인들에 의해 바닥이 쓸리었습니다.
[gunindɨre ɨijɛ badagui ssɨlriətssɨmnida]

경찰이 도둑을 잡았습니다.
[gyəngchari doduguɨl zabatssɨmnida]

도둑이 경찰에게 잡혔습니다.
[dodugui gyəngcharegue zap^{h}yətssɨmnida]

나는 얼굴을 씻는다.
[nanɨn əlgurɨl ssinnɨnda]
→ En el coreano no se usa la pasiva en este caso.

산이 보인다. [sani boinda]

재귀형으로 만들어 표현한다. 재귀형이란 동사와 재귀대명사 'se'를 함께 쓰는 것이다. 재귀형은 이 외에도 많은 용법에 사용된다. 재귀대명사는 '나는'에 'me', '너는'에 'te', '그는/그녀는/당신은'에 'se', '우리들은'에 'nos', '너희들은'에 'os', 그리고 '그들은/그녀들은/당신들은'에 'se'가 해당된다 :

Los soldados han barrido el suelo.
[로스 솔다도스 안 바ㄹ리도 엘 수엘로]

El suelo ha sido barrido por los soldados.
[엘 수엘로 아 시도 바ㄹ리도 뽀르 로스 솔다도스]

El policía ha arrestado al ladrón.
[엘 뽈리시아 아 아ㄹ레스따도 알 라드론]

El ladrón ha sido arrestado por el policía.
[엘 라드론 아 시도 아ㄹ레스따도 뽀르 엘 뽈리시아]

Me lavo la cara.
[메 라보 라 까라]

Se ve la montaña. [세 베 라 몬따냐]

형용사와 부사
[jyəng-yongsawa busa]

el adjetivo y el adverbio
[엘 아드헤띠보 이 엘 아드베르비오]

* En el coreano el adjetivo puede usarse predicativo que tiene conjugaciones como el verbo y calificativo que siempre antepone al que califica :

날씨가 덥다.

[nalssiga dəpta]

→ '더웠다 / 더웠었다' en el tiempo pasado y '더울 것이다 / 덥겠다' en el tiempo futuro.

더운 날씨

[dəun nalssi]

음식이 뜨겁다.

[ɨmsigui tɨgəpta]

뜨거운 음식

[tɨgəun ɨmsik]

* 스페인어에서 형용사는 수식하는 명사의 성과 수에 일치시키며 주로 명사의 뒤에 위치한다. 또한 명사 앞에 놓일 때와 뒤에 놓일 때 뜻이 달라지기도 한다 :

Hace calor.

[아세 깔로르]

→ 스페인어에서 날씨를 표현할 때 'hace'를 사용하며 어떤 것들은 동사로서 3인칭 단수로 사용한다 :

Llueve.(llover)비가 내린다.

[유에베]

Nieva.(nevar)눈이 내린다.

[니에바]

el tiempo caluroso

[엘 띠엠뽀 깔루로소]

La comida está caliente.

[라 꼬미다 에스따 깔리엔떼]

→ 스페인어에서 동사 'estar'는 상태를 표현할 때 사용하거나 한국어로 '-에 있다'라는 표현에 사용한다.

la comida caliente

[라 꼬미다 깔리엔떼]

마리아는 착하다.

[marianɨn chak^hada]

호세는 착하다.

[josenɨn chak^hada]

가난한 여자

[gananjan yəza]

불쌍한 여자

[bulssangjan yəza]

거대한 여자

[gədɛjan yəza]

위대한 여자

[widɛjan yəza]

María es buena.

[마리아 에스 부에나]

José es bueno.

[호세 에스 부에노]

una mujer pobre

[우나 무헤르 뽀브레]

una pobre mujer

[우나 뽀브레 무헤르]

una mujer grande

[우나 무헤르 그란데]

una gran mujer

[우나 그란 무헤르]

→ 위의 'grande'는 단수명사 앞에서 어미 '-de'가 탈락된다. 'ciento' (숫자 백)는 명사 바로 앞에서 어미 '-to'가 탈락된다(cien hombres / ciento un hombres). 이처럼 아래의 형용사들은 남성단수명사 앞에서 어미 '-o'가 탈락된다 :

buen hombre(bueno)좋은

algún hombre(alguno)약간의

ningún hombre(ninguno)아무도

primer hombre(primero)첫 번째

tercer hombre(tercero)세 번째

San Pedro(Santo)성스런

→ 'Santo'는 Santo Tomás, Santo Domingo 등 예외가 있다.

* Para la gradación de los adjetivos se usa la posposición adverbial '보다 / 보다 더 / 보다 덜 / 만큼 / 처럼' y para el superlativo relativo se usa el adverbio '가장 / 제일'. Y para el superlativo absoluto se usa el adverbio '아주 / 매우' :

순이는 민이보다 키가 크다.

[suninɨn miniboda kʰiga kʰɨda]

순이는 민이보다 키가 더 크다.

[suninɨn miniboda kʰiga də kʰɨda]

순이는 민이보다 키가 덜 크다.

[suninɨn miniboda kʰiga dəl kʰɨda]

순이는 민이만큼 키가 크다.

[suninɨn minimankʰɨm kʰiga kʰɨda]

순이는 민이처럼 예쁘다.

[suninɨn minichərəm yepɨda]

순이는 반에서 키가 가장 크다.

[suninɨn banesə kʰiga gazang kʰɨda]

순이는 매우 멋있다.

[suninɨn mɛu məsitta]

* Algunos de los adverbios se derivan de los adjetivos con la desinencia adverbial '-이 / -히 / -게'. Para el comparativo de los adverbios también se usa '보다 / 보다 더 / 보다 덜 / 만큼 / 처럼'.

* 형용사의 비교에는 'más que / menos que / tan que' 등을 사용하고 상대최상급은 위의 비교급에 특정관사를 붙여 사용하며 절대최상급은 형용사 원형에 '-ísimo'를 붙이거나 'muy'를 사용한다 :

Suni es más alta que Mini.

[수니 에스 마스 알따 께 미니]

Suni es menos alta que Mini.

[수니 에스 메노스 알따 께 미니]

Suni es tan alta como Mini.

[수니 에스 딴 알따 꼬모 미니]

Suni es tan hermosa como Mini.

[수니 에스 딴 에르모사 꼬모 미니]

Suni es la más alta en clase.

[수니 에스 라 마스 알따 엔 끌라세]

Suni es guapísima.

[수니 에스 구아삐시마]

* 부사는 형용사의 여성단수형에다 '-mente'를 붙여 사용하며 비교급으로는 'más que / menos que / tan que' 등을 사용하고 최상급은 'muy'를 사용한다 :

Y para el superlativo relativo se usa el adverbio '가장 / 제일, y para el superlativo absoluto se usa el adverbio '아주 / 매우' :

차가 빠르게 달린다.

[chaga parɨgue dalrinda]

기차가 차보다 더 빠르게 달린다.

[guichaga chaboda də parɨgue dalrinda]

기차가 차보다 덜 빠르게 달린다.

[guichaga chaboda dəl parɨgue dalrinda]

기차가 차만큼 빠르게 달린다.

[guichaga chamank^{h}ɨm parɨgue dalrinda]

기차가 아주 빠르게 달린다.

[guichaga azu parɨgue dalrinda]

그는 낙천적인 사람이다.

[guɨnɨn nakchənzəguin saramida]

그는 기쁘다.

[guɨnɨn guipɨda]

그는 기쁘게 말한다.

[guɨnɨn guipɨgue maljanda]

El coche corre rápidamente.

[엘 꼬체 꼬ㄹ레 ㄹ라삐다멘떼]

El tren corre más rápidamente que el coche.

[엘 뜨렌 꼬ㄹ레 마스 ㄹ라삐다멘떼 께 엘 꼬체]

El tren corre menos rápidamente que el coche.

[엘 뜨렌 꼬ㄹ레 메노스 ㄹ라삐다멘떼 께 엘 꼬체]

El tren corre tan rápidamente como el coche.

[엘 뜨렌 꼬ㄹ레 딴 ㄹ라삐다멘떼 꼬모 엘 꼬체]

El tren corre muy rápidamente.

[엘 뜨렌 꼬ㄹ레 무이 ㄹ라삐다멘떼]

Él es alegre.

[엘 에스 알레그레]

Él está alegre.

[엘 에스따 알레그레]

Él habla alegremente.

[엘 아블라 알레그레멘떼]

→ 동사 'ser'(이다)는 신분 등을, 동사 'estar'(이다)는 상태를 표현한다.

전치사
[zənchisa]

* En el coreano no hay misma preposición que el español. Pero hay '관형사', la preposición coreana que se denomina así en este libro, que equivaldría a la preposición española por no cambiar la forma y anteponer al sustantivo. Y la preposición coreana tiene función adjetiva y nunca se usa sola :

이(este / estos / esta / estas)
그(ese / esos / esa / esas)
저(aquel / aquellos / aquella / aquellas)
새(nuevo)
헌(usado)
온갖(todos)
한(uno)
순(puro)
외(único)
몇(cuánto / varios)
첫(primero)
옛(antiguo)
헛(vano)
윗(superior)

la preposición
[라 쁘레뽀시시온]

* 스페인어의 전치사는 21개 이며 문장 내에서 2개 이상 전치사가 함께 쓰이기도 하며 다른 낱말들과 전치사구를 만들기도 한다 :

a(-를 / -에게 / -로 / -에 / -까지)
ante(-앞에)
bajo(-아래)
con(-과 함께)
contra(-에 반하여)
de(-의 / -로부터)
desde(-로부터)
durante(-동안)
en(-에)
entre(-사이에)
excepto(-을 제외하고)
incluso(-을 포함하여)
salvo(-을 제외하고)
según(-에 의하면)
hacia(-로 향하여)
hasta(-까지)
para(-를 위하여 / -까지)
por(-때문에 / -를 통하여)
sobre(-위에 / -에 관하여)
sin(-없이)

뒷(trasero)

연(total) etc..

이 사람(esta persona)

그 사람(esa persona)

저 사람(aquella persona)

새 책(el libro nuevo)

헌 책(el libro usado)

온갖 사람(todas las personas)

한 사람(una persona)

순 거짓말(la pura mentira)

외아들(el único hijo)

몇 시에(¿a qué hora?)

첫 시간(la primera hora)

연 5일(cinco días total)

tras(-뒤에)

acerca de(-에 관하여)

debajo de(-아래에)

en vez de(-대신에)

junto a(-앞에)

alrededor de(-주위에)

debido a(-때문에)

encima de(-위에)

lejos de(-멀리)

a punto de(-할 때)

delante de(-앞에)

enfrente de(-정면에)

por debajo de(-아래에서)

cerca de(-가까이에)

detras de(-뒤에)

frente a(-정면에)

por detras de(-뒤에서)

Cap. 2

제 2 장

자주 쓰는 낱말과 표현

las palabras y expresiones más usadas

숫자
[sutzza]

* Hay tres tipos de numeración.

* Para usar la numeración arábiga :

영 [yəng]
일 [il]
이 [i]
삼 [sam]
사 [sa]
오 [o]
육 [yuk]
칠 [chil]
팔 [p^{h}al]
구 [gu]
십 [sip]
십일 [sibil]
십이 [sibi]
십삼 [sipssam]
십사 [sipssa]
십오 [sibo]
십육 [simnyuk]
십칠 [sipchil]
십팔 [$sipp^{h}$al]
십구 [sipcu]
이십 [isip]
이십일 [isibil]

el número
[엘 누메로]

cero [세로]
uno [우노]
dos [도스]
tres [뜨레스]
cuatro [꾸아뜨로]
cinco [싱꼬]
seis [세이스]
siete [시에떼]
ocho [오초]
nueve [누에베]
diez [디에스]
once [온세]
doce [도세]
trece [뜨레세]
catorce [까또르세]
quince [낀세]
dieciséis [디에시세이스]
diecisiete [디에시시에떼]
dieciocho [디에시오초]
diecinueve [디에시누에베]
veinte [베인떼]
veintiuno [베인띠우노]

이십이 [isibi]

이십삼 [isipssam]

이십사 [isipssa]

이십오 [isibo]

이십육 [isimnyuk]

이십칠 [isipchil]

이십팔 [isipp^{h}al]

이십구 [isipcu]

삼십 [samsip]

사십 [sasip]

오십 [osip]

육십 [yukssip]

칠십 [chilssip]

팔십 [p^{h}alssip]

구십 [gusip]

백 [bɛk]

veintidós [베인띠도스]

veintitrés [베인띠뜨레스]

veinticuatro [베인띠꾸아뜨로]

veinticinco [베인띠싱꼬]

veintiséis [베인띠세이스]

veintisiete [베인띠시에떼]

veintiocho [베인띠오초]

veintinueve [베인띠누에베]

→ 10자리와 1자리 사이에 'y'를 붙여 주며 16부터 29까지도 축약시키지 않고 그냥 사용할 수 있다(diez y seis, veinte y nueve 등). '21명의 남자들'은 'veintiún hombres'로 '21명의 여자들'은 'veintiuna mujeres'로 사용한다.

treinta [뜨레인따]

cuarenta [꾸아렌따]

cincuenta [싱꾸엔따]

sesenta [세센따]

setenta [세뗀따]

ochenta [오첸따]

noventa [노벤따]

ciento [시엔또]

→ 100은 명사 앞에서 'cien', 200은 'dos cientos', 500은 'quinientos', 700은 'setecientos'이다. 또한 숫자 뒤에 바로 명사가 올 경우 200부터

천 [chən]

만 [man]

십만 [simman]

백만 [bɛngman]

천만 [chənman]

억 [ək]

십억 [sibək]

백억 [bɛgək]

천억 [chənək]

조 [zo]

* Para usar la numeración coreana :

하나 [jana]

둘 [dul]

셋 [set]

넷 [net]

다섯 [dasət]

여섯 [yəsət]

일곱 [ilgop]

여덟 [yədəl]

아홉 [ajop]

열 [yəl]

스물 [sɨmul]

'dos cientas mujeres'로 명사와 성과 수를 일치시킨다.

mil [밀]

diez mil [디에스 밀]

cien mil [시엠 밀]

un millón [움 미욘]

→ 'millón'은 명사이다. 그러므로 '이백만명'이라고 할 때 'dos millones de personas'라고 쓴다.

diez millones [디에스 미요네스]

cien millones [시엠 미요네스]

mil millones [밀 미요네스]

diez mil millones [디에스 밀 미요네스]

cien mil millones [시엠 밀 미요네스]

un billón [움 비욘]

* 모든 불특정관사, 숫자(숫자 복합형은 뒤에만 오며, mil, cien, millón은 어느 위치에서도 강세 있음), 모든 지시형용사, 인칭대명사 주격, 중성지시대명사(esto / eso / aquello)를 포함한 모든 지시대명사, 모든 소유형용사 후치형, 모든 소유대명사에는 강세가 온다. 사람 이름이 2개가 겹쳐있는 경우는 뒤에만 강세가 온다.

→ Si se usan ante el sustantivo se cambian algunos como '한 / 두 / 세 / 네 / 스무', por ejemplo, 한해 (un año), 두해(dos años), 세해 (tres años), 네해(cuatro años), 스무해(veinte años), 한두 개(uno ó dos), 두서너 개(dos, tres ó cuatro), 네다섯 개(cuatro ó cinco), 데여섯 개(cinco ó seis), 예닐곱 개(seis ó siete).

서른 [sərɨn]

마흔 [majɨn]

쉰 [swin]

예순 [yesun]

일흔 [iljɨn]

여든 [yədɨn]

아흔 [ajɨn]

백 [bɛk]

→ Más de mil se usa igual a la arábiga.

* Para contar los días se usa otra numeración :

하루 [jaru]

이틀 [itʰɨl]

사흘 [sajɨl]

나흘 [najɨl]

닷새 [datssɛ]

엿새 [yətssɛ]

이레 [ire]

여드레 [yədɨre]

아흐레 [ajɨre]

열흘 [yəljɨl]

→ Más de '열흘' se usa '열하루', '열이틀' etc. y para '열닷새' se puede usar '보름' también. Más de '스물' se usa la numeración coreana.

* los números ordinales y partitivos :

첫 번째 [chətpənzzɛ]

두 번째 [dubənzzɛ]

세 번째 [sebənzzɛ]

네 번째 [nebənzzɛ]

다섯 번째 [dasətpənzzɛ]

여섯 번째 [yəsətpənzzɛ]

일곱 번째 [ilgoppənzzɛ]

여덟 번째 [yədəlpənzzɛ]

아홉 번째 [ajoppənzzɛ]

열 번째 [yəlpənzzɛ]

열한 번째 [yəljanbənzzɛ]

반 [ban]

삼분의 일 [sambunɨi il]

* 서수와 분수 :

primero [쁘리메로]

segundo [세군도]

tercero [떼르세로]

cuarto [꾸아르또]

quinto [낀또]

sexto [섹스또]

séptimo [셉띠모]

octavo [옥따보]

noveno [노베노]

décimo [데시모]

→ 'primero'와 'tercero'는 남성명사 앞에서 'primer'와 'tercer'로 쓴다. 또한 여성명사와는 성을 일치시켜 'primera' 등으로 쓴다.

un medio [움 메디오]

un tercio [운 떼르시오]

삼분의 이 [sambunɨi i]
사분의 삼 [sabunɨi sam]
두 배 [dubɛ]
세 배 [sebɛ]

dos tercios [도스 떼르시오스]
tres cuartos [뜨레스 꾸아르또스]
dos veces / doble [도스 베세스 / 도블레]
tres veces / triple [뜨레스 베세스 / 뜨리쁠레]

몇 시입니까?
[myətssi imnica]
2시입니다.
[dusiimnida]
오전 10시입니다.
[ozən yəlssiimnida]
몇 개입니까?
[myətquɛ imnica]
네 개입니다.
[neguɛimnida]
대여섯 개 주십시오.
[dɛyəsətquɛ zusipssio]
죄송합니다만 두세 개 밖에 없습니다.
[zøsongjamnidaman duse guɛ baque əpssɨmnida]
몇 살이니?
[myətssarini]
스무 살입니다.
[sɨmusarimnida]
스물세 살입니다.
[sɨmulsesarimnida]

¿Qué hora es?
[께 오라 에스]
Son las dos.
[손 라스 도스]
Son las diez de la mañana.
[손 라스 디에스 데 라 마냐나]
¿Cuántos son?
[꾸안또스 손]
Son cuatro.
[손 꾸아뜨로]
Deme cinco ó seis.
[데메 싱꼬 오 세이스]
Lo siento, sólo nos quedan 2 ó 3.
[로 시엔또 솔로 노스 께단 도스 오 뜨레스]
¿Cuántos años tienes?
[꾸안또스 아뇨스 띠에네스]
Tengo veinte años.
[뗑고 베인떼 아뇨스]
Tengo veintitrés años.
[뗑고 베인띠뜨레스 아뇨스]

자주 쓰는 낱말과 표현 [zazu ssɨnɨn nanmalgwa pʰyojyən]

las palabras y expresiones más usadas [라스 빨라브라스 이 에스쁘레시오네스 마스 우사다스]

선생님 / 씨

[sənsɛngnim / ssi]

* '선생님' significa 'maestro/maestra' pero se puede usar con respeto poniéndolo detrás del apellido o del nombre completo. Se usa tanto descriptivo como vocativo. No se cambia por el sexo :

 마르띠네스 선생님 / 마르띠네스 씨

* '-님' es un sufijo de respeto. Por eso si se quiere indicar a uno/una menor se usa sólo '선생' :

 김 선생

* Se usa '아저씨' familiarmente. Equivale a 'tío' del español. Se usa a cualquier hombre de edad cuando llama la atención, que equivaldría a 'oiga' del español. Con el mismo uso se usa '아줌마 / 아주머니' a las mujeres.

señor

[세뇨르]

* 약자는 'Sr.'이다. 남자 앞에 붙이는 일종의 존칭어로 영어의 'Mr.'에 해당한다. 더 높은 존칭으로 'don'이 있다 :

 Señor Martínez

 Señor Kim

* 아는 사람이든 모르는 사람이든, 남자든 여자든, 주의를 환기시키고자 할 때 일반적으로 'oiga', 나이가 어린 사람에게는 'oye'를 사용한다.

선생님들 / 씨들

[sənsɛngnimdɨl / ssidɨl]

* Son plurales de '-선생님 / -씨'.

señores

[세뇨레스]

* 약자는 'Srs.'이다. 남자들(복수) 앞에 붙인다. 그러니까 'señor'의 복수인 것

여사 / 여사님

[yəsa / yəsanim]

* En Corea las mujeres llevan su apellido de familia aunque sea casada.
* Se usa '아줌마' familiarmente. Equivale a 'tía' del español.

여사들 / 여사님들

[yəsadɨl / yəsanimdɨl]

* Son plurales de '-여사 / -여사님'.

양

[yang]

* Se usa '아가씨' también, pero no con el apellido :
  김 양, 아가씨, 김아가씨(incorrecto)
* Se usa '군' al soltero o a los menores, que equivaldría a 'señorito' del español.

양들

[yangdɨl]

* '-들' es un sufijo de pluralidad.

이다. 이렇게 스페인어 명사에는 단수와 복수, 그리고 남성과 여성이 있다.

señora

[세뇨라]

* 약자는 'Sra.'이다. 결혼한 여자 앞에 붙인다. 영어의 'Mrs.'에 해당한다. 더 존칭으로 'doña'가 있다. 그러나 'doña'는 결혼하지 않은 여자에게도 사용한다.

señoras

[세뇨라스]

* 약자는 'Sras.'이다. 여자들(복수) 앞에 붙인다. 그러니까 'señora'의 복수인 것이다.

señorita

[세뇨리따]

* 약자는 'Srta.'이다. 결혼하지 않은 여자 앞에 붙인다. 영어의 'Miss'와 같다 :
  Señorita Kim / Señorita

señoritas

[세뇨리따스]

* 약자는 'Srtas.'이다.

신분
[sinbun]
el estado civil
[엘 에스따도 시빌]

사람
[saram]
la persona
[라 뻬르소나]

남자
[namza]
el hombre
[엘 옴브레]

여자
[yəza]
la mujer
[라 무헤르]

남편
[$namp^hyən$]
el esposo / el marido
[엘 에스뽀소 / 엘 마리도]

부인 / 아내
[buin / anɛ]
la esposa / la mujer
[라 에스뽀사 / 라 무헤르]

* '부인' significa también cualquier mujer casada.
* Se usa '집사람' o '안사람' a su pareja familiarmente.
* 'la mujer'는 여자라는 뜻도 있다.

유부남
[yubunam]
el casado
[엘 까사도]

유부녀
[yubunyə]
la casada
[엘 까사다]

미혼남
[mijonnam]
el soltero
[엘 솔떼로]

* Se dice '총각' también.

미혼녀
[mijonnyə]
la soltera
[라 솔떼라]

* Se dice '처녀' también.

이혼남

[ijonnam]

el divorciado

[엘 디보르시아도]

이혼녀

[ijonnyə]

la divorciada

[라 디보르시아다]

홀아비

[jorabi]

el viudo

[엘 비우도]

홀어미 / 과부

[jorəmi / gwabu]

la viuda

[라 비우다]

할머니 / 조모

[jalməni/zomo]

* Es la madre del padre y cualquier anciana.

외할머니 / 외조모

[øjalməni / øzomo]

* Es la madre de la madre.

la abuela

[라 아부엘라]

* 할머니든 외할머니든 같이 사용한다.
* 'el'은 특정관사로 남성단수명사 앞에 사용한다. 복수형은 'los'이다.
* 'la'는 특정관사로 여성단수명사 앞에 사용한다. 복수형은 'las'이다.
* 'un'은 불특정관사로 남성단수명사 앞에 사용한다. 복수형은 'unos'이다.
* 'una'는 불특정관사로 여성단수명사 앞에 사용한다. 복수형은 'unas'이다.

할아버지 / 조부

[jarabəzi / zobu]

* Es el padre del padre y cualquier anciano.

외할아버지 / 외조부

[øjarabəzi / øzobu]

* Es el padre de la madre.

el abuelo

[엘 아부엘로]

* 할아버지든 외할아버지든 같이 사용한다.
* '노인'이라고 할 때는 'el anciano / la anciana'로 사용한다.

어머니 / 어머님

[əməni / əmənim]

* Se usa '엄마' familiarmente.

아버지 / 아버님

[abəzi / abənim]

* Se usa '아빠' familiarmente.

부모 / 부모님

[bumo / bumonim]

대부

[dɛbu]

대모

[dɛmo]

계부 / 의붓아버지

[gyebu / ɨibudabəzi]

계모 / 의붓어머니

[gyemo / ɨibudəməni]

양아버지

[yang-abəzi]

양어머니

[yang-əməni]

자식

[zasik]

아들

[adɨl]

딸

[tal]

la madre

[라 마드레]

* 친근하게 'mamá'라고 한다.

el padre

[엘 빠드레]

* 친근하게 'papá'라고 한다.

los padres

[로스 빠드레스]

el padrino

[엘 빠드리노]

la madrina

[라 마드리나]

el padrastro

[엘 빠드라스뜨로]

la madrastra

[라 마드라스뜨라]

el padre adoptivo

[엘 빠드레 아돕띠보]

la madre adoptiva

[라 마드레 아돕띠바]

los hijos

[로스 이호스]

el hijo

[엘 이호]

la hija

[라 이하]

의붓아들

[ɨibudadɨl]

의붓딸

[ɨibuttal]

수양아들 / 양아들 / 양자

[suyang-adɨl / yang-adɨl / yangza]

수양딸 / 양딸 / 양녀

[suyangtal / yangtal / yangnyə]

언니

[ənni]

* Entre hermanas la menor lo usa a la mayor suya o equivalente.

누나

[nuna]

* Se usa cuando el hermano menor indica a la hermana mayor o equivalente.

오빠

[opa]

* Se usa cuando la hermana menor indica al hermano mayor o equivalente.

형 / 형님

[jyəng / jyəngnim]

el hijastro

[엘 이하스뜨로]

la hijastra

[라 이하스뜨라]

el hijo adoptivo

[엘 이호 아돕띠보]

la hija adoptiva

[라 이하 아돕띠바]

la hermana mayor

[라 에르마나 마요르]

* 한국어에는 친족이나 사람 관계가 다양하게 세분화되어 있지만 스페인어는 단순한 편이다.

el hermano mayor

[엘 에르마노 마요르]

* 형제나 자매사이에 남자는 'hermano'로, 여자는 'hermana'로 표현하고 손위는 'mayor'로, 손아래는 'menor'로 표현한다.

* Entre hermanos el menor lo usa cuando indica al mayor suyo o equivalente.

여동생

[yədongsɛng]

남동생

[namdongsɛng]

자매

[zamɛ]

* El esposo llama '처형' a la hermana mayor de la esposa y '처제' a la hermana menor de la esposa. Y el esposo llama '처남' a los hermanos de la esposa. La esposa llama '형부' al esposo de la hermana mayor y '제부' al esposo de la hermana menor.
* La esposa llama '형님' a la hermana mayor y '아가씨' a la hermana menor del esposo. Y son '시누이들' a la esposa. El esposo llama '형수' a la esposa de su hemano mayor y '제수' a la esposa de su hermano menor. Las hermanas del esposo llaman '올케' a las esposas de sus hermanos.

la hermana menor

[라 에르마나 메노르]

el hermano menor

[엘 에르마노 메노르]

las hermanas

[라스 에르마나스]

* 스페인어에서 처형이나 처제 또는 시아주버니, 시동생, 시누이 등은 옆의 한국어 설명처럼 관계를 설명하고 그냥 이름을 부른다. 이들 중, 여자들의 관계는 'cuñada'이고 남자들의 관계는 'cuñado'이다. 즉, 모두 동서 관계가 된다.

* Así, los términos parentescos coreanos son un poco complicados, lo que significa que los coreanos consideran muy importantes las relaciones familiares.
* En el coreano se pone '우리'(nuestro) en el lugar donde viene 'mi' en el español. Con el mayor respeto se usa '저희' :
  우리 집 / 우리 엄마 / 우리 언니
  저희 집 / 저희 어머니 / 저희 언니

mi casa / mi mamá / mi hermana

형제

[jyəngze]

los hermanos

[로스 에르마노스]

시집 / 시가 / 시댁

[sizip / siga / sidɛk]

la familia del esposo

[라 화밀리아 델 에스뽀소]

처갓집 / 처가

[chəgatzzip / chəga]

la familia de la esposa

[라 화밀리아 데 라 에스뽀사]

이모 / 이모님

[imo / imonim]

la tía

[라 띠아]

* Es la hermana de la madre. Si es mayor se llama '큰이모' y si es menor se llama '작은이모'.

* 부모님을 중심으로 그 남매, 자매 또는 그에 준하는 여자 분들을 통칭한다.

고모 / 고모님

[gomo / gomonim]

* Es la hermana del padre. Si es mayor se llama '큰고모' y si es menor se llama '작은고모'.

큰어머니 / 큰어머님

[kʰɨnəməni / kʰɨnəmənim]

* Es la esposa del hermano mayor del padre.

작은어머니 / 작은어머님

[zaguɨnəməni / zaguɨnəmənim]

* Es la esposa del hermano menor del padre.

외숙모 / 외숙모님

[øsungmo / øsungmonim]

* Es la esposa del hermano de la madre.

큰아버지 / 큰아버님

[kʰɨnabəzi / kʰɨnabənim]

* Es el hermano mayor del padre.

작은아버지 / 작은아버님

[zaguɨnabəzi / zaguɨnabənim]

* Es el hermano menor del padre.

삼촌

[samchon]

* Es el hermano-soltero del padre.

외삼촌

[øsamchon]

* Es el hermano de la madre.

동서

[dongsə]

el tío

[엘 띠오]

* 부모님을 중심으로 그 형제나 남매 또는 그에 준하는 남자 분들을 통칭한다.

el cuñado / la cuñada

[엘 꾸냐도 / 라 꾸냐다]

* 동서지간에서 남자는 ‘el cuñado’로 여자는 ‘la cuñada’로 사용한다.

며느리

[myənɨri]

la nuera

[라 누에라]

사위

[sawi]

el yerno

[엘 예르노]

시어머니 / 시어머님

[siəməni / siəmənim]

* Es la madre del esposo.

la suegra

[라 수에그라]

* 시어머니와 장모를 모두 ‘la suegra’ 로 쓴다.

장모 / 장모님

[zangmo / zangmonim]

* Es la madre de la esposa.

시아버지 / 시아버님

[siabəzi / siabənim]

* Es el padre del esposo.

el suegro

[엘 수에그로]

* 시아버지와 장인을 모두 ‘el suegro’ 로 쓴다.

장인 / 장인어른 / 장인어르신

[zang-in / zang-inərɨn / zang-inərɨsin]

* Es el padre de la esposa.
* Se usa ‘어른 / 어르신’ a los mayores con respeto.

사촌

[sachon]

* Para aclarar si es hombre o mujer se antepone ‘남자’ o ‘여자’.

el primo / la prima

[엘 쁘리모 / 라 쁘리마]

조카

[zok^{h}a]

el sobrino / la sobrina

[엘 소브리노 / 라 소브리나]

손자	el nieto
[sonza]	[엘 니에또]
손녀	la nieta
[sonnyə]	[라 니에따].
여보 / 당신	¡Cariño!
[yəbo / dangsin]	[까리뇨]
* Se usa '여보' para el vocativo y '당신' para el descriptivo.	
부부	el matrimonio
[bubu]	[엘 마뜨리모니오]
애인	los novios
[ɛin]	[로스 노비오스]
	* 남자는 'el novio'이고 여자는 'la novia'이다.
* 애인사이	* el noviazgo
아기	el bebé
[agui]	[엘 베베]
	* 복수는 'los bebés'이다.
어린이	el niño / la niña
[ərini]	[엘 니뇨 / 라 니냐]
	* 복수는 'los niños'이다.
아동	el muchacho / la muchacha
[adong]	[엘 무차초 / 라 무차차]
	* 복수는 'los muchachos'이다.
젊은이 / 청년	el joven / la joven
[zəlmɨni / chəngnyən]	[엘 호벤 / 라 호벤]
	* 복수는 'los jóvenes'이다.

노인 | el anciano / la anciana
[noin] | [엘 안시아노 / 라 안시아나]
* 복수는 'los ancianos'이다.

응 / 그래 / 예 [ɨng / guirɛ / ye] | sí [시]
아니 / 아니요 [ani / aniyo] | no [노]
-과 / -와 / 그리고 / 근데 [gwa / wa / guirigo / guinde] | y [이]
* 'i'나 'hi'로 시작되는 낱말 앞에서는 'e'가 된다 :
Corea e hispanoamérica
(한국과 중남미)

-나 / -이나 / 또는 / 혹은 / 아니면 [na / ina / tonɨn / joguɨn / animyən] | o [오]
* 'o'나 'ho'로 시작되는 낱말 앞에서는 'u'가 되며 숫자 앞에서는 'ó'가 된다 :
mujer u hombre(여자 또는 남자)
1 ó 0(1이나 0)

-도 / 역시 / 또한 [do / yəkssi / tojan] | también [땀비엔]
그러나 [guirəna] | pero [뻬로]
그래서 [guirɛsə] | así que / por eso [아시 께 / 뽀르 에소]
그러면 [guirəmyən] | entonces [엔똔세스]
왜? [wɛ] | ¿por qué? [뽀르께]
왜냐하면 / -때문에 [wɛnyajamyən / tɛmune] | porque [뽀르께]
그럼에도 불구하고 [guirəmedo bulgujago] | sin embargo [신 엠바르고]
비록 -이지만 [birok iziman] | aunque [아웅께]

-뿐만 아니라 -도 [punmananira do] — no sólo- sino también - [노 솔로 시노 땀비엔]

-가(-이) 아니고 -가(-이) [ga(i) anigo ga(i)] — no - sino -[노 시노]

-든지 -든지 [dɨnzi dɨnzi] — o - o -[오 오]

-을(-를) 위하여 [uɨl(rɨl) wijayə] — para [빠라]

-하도록 [jadorok] — para que [빠라 께]

-부터 [butʰə] — de / desde [데 / 데스데]

-까지 [cazi] — a / hasta [아 / 아스따]

-으로서 / -로서 [ɨrosə / rosə] — como [꼬모]

-과(-와) 함께 [gwa(wa) jamque] — con [꼰]

* '나와 함께'는 'conmigo'이고 '너와 함께'는 'contigo'이며 '자기와 함께'는 'consigo'이다. 이 때 '자신과 함께'로 표현하고 싶으면 'mismo'를 뒤에 붙여준다. 즉 'conmigo mismo'인 경우 '나 자신과 함께 / 나 자신이'의 뜻이 된다. 'mismo'는 '바로 / 당장'의 뜻도 있다. 예를 들어 'aquí mismo'는 '바로 여기'라는 뜻이고 'ahora mismo'는 '지금 당장'이라는 뜻이다.

지금 [ziguɨm] — ahora [아오라]

지금 당장 [ziguɨm dangzang] — ahora mismo [아오라 미스모]

전에 / 아까 [zəne / aca] — antes [안떼스]

나중에 / 이따가 [nazung-e / itaga] — después / luego [데스뿌에스 / 루에고]

오늘 [onɨl] — hoy [오이]

어제 [əze] — ayer [아예르]

그제 / 그저께 [guɨze / guɨzəque]

내일 [nɛil]

모레 [more]

올해 [oljɛ]

작년 [zangnyən]

내년 [nɛnyən]

봄 [bom]

여름 [yərɨm]

가을 [gaɨl]

겨울 [gyəul]

1월 [irwəl]

2월 [iwəl]

3월 [samwəl]

4월 [sawəl]

5월 [owəl]

6월 [yuwəl]

7월 [chirwəl]

8월 [p^{h}arwəl]

9월 [guwəl]

10월 [siwəl]

11월 [sibirwəl]

12월 [sibiwəl]

일요일 [iryoil]

월요일 [wəryoil]

화요일 [jwayoil]

수요일 [suyoil]

목요일 [mogyoil]

anteayer [안떼아예르]

mañana [마냐나]

pasado mañana [빠사도 마냐나]

este año [에스떼 아뇨]

el año pasado [엘 아뇨 빠사도]

el año próximo [엘 아뇨 쁘록시모]

la primavera [라 쁘리마베라]

el verano [엘 베라노]

el otoño [엘 오또뇨]

el invierno [엘 인비에르노]

el enero [엘 에네로]

el febrero [엘 훼브레로]

el marzo [엘 마르소]

el abril [엘 아브릴]

el mayo [엘 마요]

el junio [엘 후니오]

el julio [엘 훌리오]

el agosto [엘 아고스또]

el septiembre [엘 셉띠엠브레]

el octubre [엘 옥뚜브레]

el noviembre [엘 노비엠브레]

el diciembre [엘 디시엠브레]

el domingo [엘 도밍고]

el lunes [엘 루네스]

el martes [엘 마르떼스]

el miércoles [엘 미에르꼴레스]

el jueves [엘 후에베스]

금요일 [guɨmyoil]

토요일 [t^hoyoil]

여기 [yəgui]

저기 [zəgui]

멀리 [məlri]

가까이 [gacai]

오른쪽에 / 우측에 [orɨnzzogue / uchɨgue]

왼쪽에 / 좌측에 [ønzzogue / zwachɨgue]

곧장 / 곧바로 [gotzzang / gotparo]

동 / 동쪽 [dong / dongzzok]

서 / 서쪽 [sə / səzzok]

남 / 남쪽 [nam / namzzok]

북 / 북쪽 [buk / bukzzok]

누가? / 누구? [nuga / nugu]

언제? [ənze]

어디서? / 어디? [ədisə / ədi]

무엇을? / 무엇이? [muəsɨl / muəsi]

어떻게? [ətək^he]

얼마나? / 얼만큼? [əlmana / əlmank^hɨm]

어느 / 어느 것이 [ənɨ / ənɨgəsi]

el viernes [엘 비에르네스]

el sábado [엘 사바도]

aquí [아끼]

allí / allá / ahí [아이 / 아야 / 아이]

lejos [레호스]

cerca [세르까]

a la derecha [아 라 데레차]

a la izquierda [아 라 이스끼에르다]

directo / derecho [디렉또 / 데레초]

el este [엘 에스떼]

el oeste [엘 오에스떼]

el sur [엘 수르]

el norte [엘 노르떼]

¿Quién? [끼엔]

¿Cuándo? [꾸안도]

¿Dónde? [돈데]

¿Qué? [께]

¿Cómo? [꼬모]

¿Cuánto? [꾸안또]

¿Cuál? [꾸알]

14

안녕!(아침인사)

[annyəng(achiminsa)]

* No se diferencia por horas.

* 'la mañana' es '아침' y 'mañana' es '내일'.

* 안녕하세요? / 안녕하십니까?(ustedeo)

→ '안녕하시다' es el ustedeo del adjetivo predicativo '안녕하다'.

안녕!(오후인사)

[annyəng(ojuinsa)]

* 'la tarde' es '오후' y 'tarde' es '늦게'.

* 안녕하세요? / 안녕하십니까?(ustedeo)

안녕!(저녁인사)

[annyəng(zənyəguinsa)]

* '저녁' es 'la noche', pero '밤' es 'muy de noche'.

* 안녕하세요? / 안녕하십니까?(ustedeo)

14

Buenos días.

[부에노스 디아스]

* 'el día'는 '낮' 또는 '날'로 쓰인다.

Buenas tardes.

[부에나스 따르데스]

* 'la tarde'는 '오후'이고 'tarde'는 '늦게'이다.

Buenas noches.

[부에나스 노체스]

안녕!

[annyəng]

→ '안녕'(la paz) es sustantivo y se hace adjetivo con el sufijo '-하다' y se hace adverbio con el sufijo '-히'.

* Se puede usar a cualquiera y en cualquier hora. También se dice entre amigos cuando se despide.

¡Hola!

[올라]

* 아무에게나 아무 때나 하는 가벼운 인사이다.

잘 가!

[zal ga]

→ '가' es el imperativo para la segunda persona(tú / vosotros) del verbo '가다'(ir).

→ '잘'(bien) es adverbio.

* 안녕히 가세요. / 안녕히 가십시오. (ustedeo)

[annyəngji gaseyo / annyəngji gasipssio]

→ '가세요 / 가십시오' es el imperativo para la segunda persona(usted / ustedes) del verbo de respeto '가시다'(ir).

* Así dice el que queda al que marcha.

¡Adiós!

[아디오스]

잘 있어!

[zarissə]

→ '있어' es el imperativo para la segunda persona(tú / vosotros) del verbo '있다'(estar).

* 안녕히 계세요. / 안녕히 계십시오. (ustedeo)
[annyəngjigyeseyo / annyəngjigyesipssio]

→ '계세요 / 계십시오' es el imperativo para la segunda persona(usted / ustedes) del verbo de respeto '계시다'(estar).

* Así dice el que marcha al que queda.

잘 있었어?

[zarissəssə]

→ '있었어' en que '-었' es la desinencia del tiempo pasado y '-어' es la desinencia interrogativa o descriptiva del verbo '있다'(estar). y '-니' también es la desinencia interrogativa. Por eso se puede decir '잘 있었니?'.

¿Qué tal (estás)?

[께 딸 (에스따스)]

→ 'estás'는 동사 'estar'(-상태이다)의 직설법 현재 변화형이다.

¿Cómo estás (tú)?

[꼬모 에스따스 (뚜)]

¿Cómo te encuentras?

[꼬모 떼 엥꾸엔뜨라스]

→ 'te encuentras'는 동사 'encontrarse'(-상태이다)의 직설법 현재 변화형이다.

타동사 'encontrar'(-를 만나다)가 재귀대명사와 함께 자동사 'encontrarse'(-상태이다)가 되어 동사 'estar'와 같은 뜻이 된다.

잘 있었어. 고마워. 근데 너는?

[zarissəssə gomawə guɨnde nənɨn]

→ '고마워' es la desinencia terminativa del adjetivo '고맙다'(gracias) cuya forma de respeto es '고맙습니다'.

Bien, gracias. ¿Y tú?

[비엔 그라시아스 이 뚜]

안녕하세요? / 안녕하셨어요?

[annyəngjaseyo / annyəngjasyəssəyo]

→ '안녕하세요 / 안녕하셨어요' en que '-세' es la desinencia terminativa y '-셨' es la desinencia del tiempo pasado del adjetivo predicativo de respeto '안녕하시다'(estar bien), cuyo término gramatical se ha dado en este libro por conveniencia para que entiendan mejor los hispanohablantes.

¿Cómo está (usted)?

[꼬모 에스따 (우스뗀)]

¿Cómo se encuentra?

[꼬모 세 엥꾸엔뜨라]

아주 잘 있었습니다. 감사합니다.

[azu zal issətssɨmnida gamsajamnida]

* El tuteo de '감사합니다' es '고마워' y su superlativo es '대단히 감사합니다'

Muy bien, gracias.

[무이 비엔 그라시아스]

* '대단히 감사합니다'는 'muchas gracias' 또는 'muchísimas gracias'이다.

o '매우 감사합니다'.

근데 당신은요?

[guɨnde dangsininɨnyo]

어떻게 지내니?

[ətəkʰe zinɛni]

→ '지내니' en que '-니' es la desinencia interrogativa del verbo '지내다'(pasar).

다 잘 되어 가.

[da zal døə ga]

→ '되어' es el presente del verbo auxiliar '되다'(hacerse) en que '-어' es la desinencia de nexo.

* Aquí '다' es adverbio si quiere usarlo como sustantivo debe usarlo como '모두' y '모든' para el adjetivo calificativo que se pone ante los nombres sustantivos :

¿Y usted?

[이 우스뗃]

¿Cómo te va?

[꼬모 떼 바]

→ 'te va'는 동사 'ir'(가다)의 직설법 현재 변화형이다. 동사 'ir'(가다)가 간접목적대명사와 함께 쓰여 '지내다'는 뜻이 된다.

¿Cómo andamos?

[꼬모 안다모스]

→ 'andamos'는 동사 'andar'(걸어가다)의 직설법 현재 변화형이다.

¿Cómo vamos?

[꼬모 바모스]

→ 'vamos'는 동사 'ir'(가다)의 직설법 현재 변화형이다.

Me va todo bien.

[메 바 또도 비엔]

* 'todo'는 여기서 부사로 쓰였으나 명사로는 '모두', 형용사로는 '모든'에 해당한다 :

이것이 모두다.

모든 책들은 내 것이다.

→ En el uso del sustantivo se puede decir con '전부' :

이것이 전부다.

→ '-다'(ser) es la posposición terminativa que viene detrás de la vocal y '-이다'(ser) es la posposición terminativa que viene detrás de la consonante.

Esto es todo.

Todos los libros son míos.

(모든 책들이 나의 것이다.)

어떻게 지내십니까?

[ətəkʰe zinɛsimnica]

→ '지내십니까' en que '-ㅂ니' es la desinencia del tiempo presente y '-까' es la desinencia interrogativa del verbo de respeto '지내시다'(pasar).

¿Cómo le va?

[꼬모 레 바]

→ 'le va'는 동사 'ir'(가다)의 직설법 현재 변화형이다. 동사 'ir'(가다)가 간접목적대명사와 함께 쓰여 '지내다'는 뜻이 된다.

어때?

[ətɛ]

→ Es la forma contractiva de '어떠해', interrogativa del adjetivo '어떠하다'.

* 어떻습니까?(ustedeo)

[ətəssɨmnica]

¿Qué hay?

[께 아이]

→ 'hay'는 영어의 'there is'나 'there are'에 해당하며 시제와 상관없이 이 한가지 형태를 사용한다.

새로운 일이 있니?

[sɛroun iri inni]

¿Qué hay de nuevo?

[께 아이 데 누에보]

→ '새로운' es la forma calificativa del adjetivo '새롭다'(nuevo).

* 새로운 일이 있습니까?(ustedeo)
[sɛroun iri itssɨmnica]

새로운 일이 없어.
[sɛroun iri əpssə]
→ '없어' en que '-어' es la desinencia descriptiva del adjetivo predicativo '없다'(no estar / no hay).
* 새로운 일이 없습니다.(ustedeo)
[sɛroun iri əpssɨmnida]

Nada de nuevo.
[나다 데 누에보]
* 'nada'는 '아무 것도 아님'의 뜻이고 'nadie'는 '아무도 없음'의 뜻이다.

아무도 없습니다.
[amudo əpssɨmnida]

No hay nadie. / Nadie hay.
[노 아이 나디에 / 나디에 아이]

아무 것도 없습니다.
[amu gətto əpssɨmnida]

No hay nada. / Nada hay.
[노 아이 나다 / 나다 아이]

특별한 일이 있어?
[tʰɨkpyəljan iri issə]
* 특별한 일이 있습니까?(ustedeo)
[tʰɨkpyəljan iri itssɨmnica]

¿Algo de particular?
[알고 데 빠르띠꿀라르]

특별한 일이 없어.
[tʰɨkpyəljan iri əpssə]
* 특별한 일이 없습니다.(ustedeo)
[tʰɨkpyəljan iri əpssɨmnida]

Nada de particular.
[나다 데 빠르띠꿀라르]

아주 좋아.
[azu zoa]

¡Estupendo!
[에스뚜뻰도]

→ '좋아' en que '-아' es la desinencia descriptiva del adjetivo '좋다'(ser / estar bueno).

→ '아주'(muy) es adverbio y los sinónimos son '대단히 / 매우 / 썩'.

* 아주 좋습니다.(ustedeo)
  [azu zossɨmnida]

Estoy perfectamente bien.

[에스또이 뻬르휙따멘떼 비엔]

좋아졌어.

[zoazyəssə]

→ '좋아졌어' en que '-졌' es la desinencia del tiempo pasado y '-어' es la desinencia descriptiva del verbo '좋아지다'(hacerse mejor) y el sinónimo es '좋게 되다'.

* 좋아졌습니다.(ustedeo)
  [zoazyətssɨmnida]

Estoy mejor.

[에스또이 메호르]

* 'mejor'는 형용사 'bueno'(좋은) 또는 부사 'bien'의 비교급으로 '더 좋은' 또는 '더 좋게'의 뜻이다.

나빠졌어.

[napazyəssə]

→ '나빠졌어' es el pasado del verbo '나빠지다'(hacerse peor) y el sinónimo es '나쁘게 되다'.

* 나빠졌습니다.(ustedeo)
  [napazyətssɨmnida]

Estoy peor.

[에스또이 뻬오르]

* 'peor'는 형용사 'malo'(나쁜) 또는 부사 'mal'의 비교급으로 '더 나쁜' 또는 '더 나쁘게'의 뜻이다.

엉망이야.

[əngmang-iya]

¡Fatal!

[화딸]

→ '-이다 / -다'(ser) es la posposición que hace el sustantivo al predicativo.

* 엉망입니다.(ustedeo)
[əngmang-imnida]

최악이야.

[chøaguiya]

* 최악입니다.(ustedeo)
[chøaguimnida]

¡Como nunca!

[꼬모 눙까]

* 강세부호가 있는 'cómo'는 '어떻게'의 뜻이고 'como'는 '-처럼 / -로서'의 뜻이다. 'nunca'는 '한번도 -아니다 / 결코 -아니다'의 뜻이다. 'más que nunca'는 '어느 때 보다 더'의 뜻이다.

반죽음이야.

[banzuguɨmiya]

→ '죽음' es la forma sustantivada del verbo '죽다'(morir).

* 반죽음입니다.(ustedeo)
[banzuguɨmimnida]

Medio muerto.

[메디오 무에르또]

→ 'muerto'는 동사 'morir'(죽다)의 과거분사형이다. 명사는 'la muerte'(죽음)이다.

* 과거분사가 형용사로 쓰일 경우 명사의 성과 수에 일치시킨다. 그러므로 여자가 말한다면 'medio muerta'가 된다.

죽을 지경이야.

[zuguɨl zigyəng-iya]

→ '죽을' en que '-을' es la desinencia adjetival con el sentido de futuro del verbo '죽다'(morir). Se puede comparar con la desinencia '-은' que

Estoy hecho polvo.

[에스또이 에초 뽈보]

→ 'hecho'는 동사 'hacer'(만들다)의 과거분사형이다. 'el polvo'(먼지)는 명사이다.

es la desinencia adjetival con el sentido de pasado :

죽을 사람(el que va a morir)

죽은 사람(el que ha muerto)

→ '지경'(el estado) es sustantivo.

* 죽을 지경입니다.(ustedeo)

[zuguɨl zigyəng-imnida]

늘 그래.

[nɨl guɨrɛ]

→ '늘'(siempre) es adverbio y los sinónimos son '언제나 / 항상'.

→ El adjetivo predicativo '그러하다' se contrae a '그렇다' y de ahí a '그래'.

* 늘 그렇습니다.(ustedeo)

[nɨl guɨrəssɨmnida]

¡Como siempre!

[꼬모 시엠쁘레]

그럭저럭.

[guɨrəkzzərək]

→ Es adverbio.

* 그럭저럭이요.(ustedeo)

[guɨrəkzzərəguiyo]

Así, así.

[아시 아시]

Regular.

[ㄹ레굴라르]

그냥 지내.

[guɨnyangzinɛ]

* 그냥 지내요.(ustedeo)

[guɨnyangzinɛyo]

Voy tirando.

[보이 띠란도]

→ 'tirando'는 동사 'tirar'(던지다)의 현재분사형으로 동사 'estar'와 함께 쓰여 현재진행형을 표현하나 그 외에

이렇게 살아 있잖아.

[irəkʰe sara itzzana]

→ '살아 있다' en que con el verbo auxiliar de progresivo '있다' el verbo '살다'(vivir) se hace progresiva. Y '-잖아' es la desinencia descriptiva.

얼마 만이니!

[əlma manini]

→ '얼마'(cuánto) es sustantivo.

→ '만'(el transcurso) es sustantivo.

동사 'ir / andar / seguir / continuar' 등도 가능하다.

Pasándola.

[빠산돌라]

→ 동사 'pasar'(지내다 / 지나다)의 현재분사 'pasando'에 'la'(여성단수명사를 받는 대명사)를 붙여서 쓴 것이다. 그러나 여기서 'la'는 굳어진 표현으로 의미 없이 늘 이렇게 표현한다. 굳이 말하자면 'la vida'(인생)를 대명사 'la'로 받은 것이라 볼 수 있다. 또한 이것이 한 낱말이 아니고 두 낱말이 합쳐진 것을 표시하기 위해 'pasándo'에 강세부호가 붙은 것이다.

Aquí me tienes.

[아끼 메 띠에네스]

* 직역을 해보면 '너는 여기 나를 가지고 있다'이다.

→ 'tienes'는 동사 'tener'(가지다)의 직설법 현재변화형이다.

¡Cuánto tiempo!

[꾸안또 띠엠뽀]

* 얼마 만입니까!(ustedeo)
[əlma manimnica]

오랜 만이야!

[orɛn maniya]

→ Es la contración del sustantivo '오래간만'(mucho tiempo).

* 오랜 만입니다.(ustedeo)
[orɛn manimnida]

못 본 지 참 오래되었다.

[mot pon zi cham orɛdøətta]

→ '못' es el adverbio con que la oración se hace negativa poniéndolo ante el verbo.

→ '본' en que '-ㄴ' es la desinencia adjetival y del tiempo pasado del verbo '보다'(ver).

→ '지'(desde entonces) es sustantivo.

→ '참'(de verdad) es adverbio.

→ '오래' es del adjetivo '오래다'(de mucho tiempo) y '되었다' es el tiempo pasado del verbo auxiliar '되다' (hacerse) que se añade al verbo o al adjetivo.

¡Cuánto tiempo sin verte!

[꾸안또 띠엠뽀 신 베르떼]

못 뵌 지 참 오래되었습니다.(ustedeo)

[mot pøn zi cham orɛdøətssɨmnida]

→ '뵌' es la forma adjetival contractiva de '뵈온' del verbo de respeto '뵈옵다' del verbo '보다'(ver).

¡Cuánto tiempo sin verle!

[꾸안또 띠엠뽀 신 베를레]

→ 'sin'(-없이)은 전치사이다.

→ 'verle'는 동사 'ver'(보다)에다 '당신을'에 해당하는 직접목적대명사를 붙여 쓴 형태이다. 이렇게 동사원형과 목적대명사는 붙여 쓴다.

네가 여긴 웬 일이니?

[nega yəguin wennirini]

→ '여긴' es la forma contractiva de '여기는' y '여기'(aquí) es pronombre.

→ '웬'(qué / cuál) es la preposición coreana que se pone ante el sustantivo, y nunca tiene desinencias. Así se denomina en este libro por ser similar a la preposición española. Se puede comparar con el adjetivo calificativo ya variado morfemáticamente.

¿Tú por aquí?

[뚜 뽀르 아끼]

→ 'por'(통하여 / 때문에)는 전치사이다.

어머, 놀래라.

[əmə nolrɛra]

→ '놀래 / 놀래라' es la forma interjectiva del verbo intransitivo '놀라다'(sorprenderse) y el verbo transitivo es '놀래다'(sorprender).

Anda, ¡qué sorpresa!

[안다 께 소르쁘레사]

→ 'anda'는 동사 'andar'(걸어가다)의 직설법 현재 3인칭 단수 변화형이나 여기서는 감탄사로 쓰인 것이다.

→ '어머' es la forma contractiva de la interjección '어머나'(¡Anda!).

어머, 놀랍다.

[əmə nolrapta]

→ '놀랍다'(sorprendente) es el adjetivo predicativo.

너를 여기서 만날 줄 몰랐어.

[nərɨl yəguisə mannal zzul molrassə]

→ '여기서' es la forma contractiva de '여기에서' y '-에서' es la posposición locativa.

→ '만날' en que '-ㄹ' es la desinencia de futuro del verbo '만나다'(encontrar).

→ 줄'(la manera) es el sustantivo pendiente que no tiene un sentido completo uno solo.

→ '몰랐어' en que '-ㄹ랐' es la desinencia del tiempo pasado del verbo '모르다'(no conocer / no saber).

No esperaba encontrarte aquí.

[노 에스뻬라바 엥꼰뜨라르떼 아끼]

→ 'esperaba'는 동사 'esperar'(기다리다 / 기대하다)의 직설법 불완료과거형이다.

→ 'encontrarte'는 동사 'encontrar'(만나다)에다 '너를'(te)을 붙여 쓴 것이다. 이것은 'no te esperaba encontrar'로 쓸 수 있다.

당신을 여기서 만날 줄 몰랐어요.(ustedeo)

[dangsinɨl yəguisə mannal zzul molrassəyo]

No esperaba encontrarle aquí.

[노 에스뻬라바 엥꼰뜨라를레 아끼]

당신을 여기서 만날 줄 몰랐습니다.

(ustedeo)

[dangsinɨl yəguisə mannal zzul molratssɨmnida]

아주 좋아 보이네.

[azu zoa boine]

→ '보이다'(ser visto) es la forma pasiva del verbo '보다'(ver) y '-네' es una variante de las desinencias terminativas.

Te veo muy bien.

[떼 베오 무이 비엔]

→ 'veo'는 동사 'ver'(보다)의 직설법 현재변화형이다.

→ 'muy'는 부사로 또 다른 부사 'bien'을 수식한다. 영어의 'very'에 해당한다.

아주 좋아 보이네요.(ustedeo)

[azu zoa boineyo]

* 아주 좋아 보이십니다.(ustedeo)

[azu zoa boisimnida]

Le veo muy bien.

[레 베오 무이 비엔]

나중에 보자.

[nazung-e boza]

→ '나중'(luego) es el adverbio y aquí se usa como la forma sustantivada. Aquí '-에' es la posposición temporal y se usa también como locativa.

→ '보자' es la forma imperativa para nosotros del verbo '보다'(ver).

* 나중에 뵙겠습니다.(ustedeo)

[nazung-e bøpquetssɨmnida]

¡Hasta luego!

[아스따 루에고]

→ 'hasta'(-까지)는 전치사이다.

→ '뵙겠습니다' en que '뵙' es la forma contractiva de '뵈옵' y '-겠' es la desinencia del tiempo futuro del verbo de respeto '뵈옵다'(ver).

내일 보자.

[nɛil boza]

* 내일 뵙겠습니다.(ustedeo)

[nɛil bøpquetssɨmnida]

¡Hasta mañana!

[아스따 마냐나]

다음 날 보자.

[daɨm nal boza]

* 다음 날 뵙겠습니다.(ustedeo)

[daɨm nal bøpquetssɨmnida]

¡Hasta otro día!

[아스따 오뜨로 디아]

→ 'otro'(다른)는 형용사이다.

좀 있다 보자.

[zom itta boza]

→ Se puede decir '곧 보자' [got boza].

* 좀 있다 뵙겠습니다.(ustedeo)

[zom itta bøpquetssɨmnida]

¡Hasta pronto!

[아스따 쁘론또]

¡Hasta ahora!

[아스따 아오라]

다시 만날 때까지.

[dasi mannal tɛcazi]

→ '때'(la hora) es sustantivo.

→ '다시'(otra vez) es adverbio.

¡Hasta la vista!

[아스따 라 비스따]

절대로 안 본다.

[zəltɛro an bonda]

¡Hasta nunca!

[아스따 눙까]

→ '절대로'(en absoluto) es la forma adverbializada del sustantivo '절대'(el absoluto).

곧 보자.

[got boza]

→ '곧'(pronto) es adverbio. Y los sinónimos son '즉시 / 바로'.

* 곧 뵙겠습니다.(ustedeo)

[got bøpquetssɨmnida]

Vamos a vernos pronto.

[바모스 아 베르노스 쁘론또]

잘 지내세요.

[zal zinɛseyo]

¡Que vaya bien!

[께 바야 비엔]

→ 강세부호가 있는 'qué'(무엇 / 무슨)는 의문대명사 또는 의문형용사이고 강세부호가 없는 'que'는 접속사 또는 관계대명사이다. 여기서는 접속사로 주절이 생략되고 종속절만 있는 문장이다. '-하기 바라다'가 생략된 것이며 따라서 종속절에 접속법이 나온 것이다.

→ 'vaya'는 동사 'ir'(가다)의 접속법 현재 변화형이다.

¡A pasarlo bien!

[아 빠사를로 비엔]

신의 가호가 있기를!

[sinɨi gajoga itquirɨl]

→ '있기를' es la forma rogativa del verbo '있다'(estar / hay).

→ '가호'(el amparo) es sustantivo.

¡Con Dios!

[꼰 디오스]

¡Vaya con Dios!

[바야 꼰 디오스]

→ '신'(Dios)은 항상 대문자로 쓴다.

행운이 있기를!

[jɛng-uni itquirɨl]

네 남편에게 안부 전해.

[ne namphyənegue anbuzənjɛ]

→ '네' es la forma contractiva de '너의'(tu / tuyo).

→ '안부'(recuerdos) es sustantivo. Aquí viene la posposición directiva '-를' con la cual '안부' se hace objeto directo del verbo transitivo '전하다'(dar), que se ha hecho elíptica.

→ '전해' es la forma imperativa del verbo '전하다'(dar / transmitir).

당신 남편께 제 안부를 전해 주십시오.

(ustedeo)

[dangsin namphənque ze anburɨl zənjɛ zusipssio]

→ Aquí en '당신' se ha hecho elíptica la posposición posesiva '의' y '제' es contracción de '저의'(mi/mío).

→ 'vaya'는 동사 'ir'(가다)의 접속법 현재 변화로 '당신'(usted)에 대한 명령으로 사용한 것이다.

¡Mucha suerte!

[무차 수에르떼]

→ 'mucho'(많은)는 형용사이다.

Dale recuerdos a tu marido.

[달레 ㄹ레꾸에르도스 아 뚜 마리도]

→ 'dale'는 동사 'dar'(주다)의 'tú'에 대한 명령인 'da'에다 'a tu marido'(너의 남편에게)의 목적격 'le'를 붙여 쓴 것이다. 이렇게 목적격들은 긍정명령과는 붙여서 쓰되 한 낱말이 아닌 것을 표시하기 위해 동사의 원래 강세자리에 필요하면 강세부호를 붙인다 :

Traiga.(가져 오십시오.)

Tráigame.(나에게 가져 오십시오.)

Tráigamelo.(나에게 그것을 가져 오십시오.)

Dele mis recuerdos a su esposo.

[델레 미스 ㄹ레꾸에르도스 아 수 에스뽀소]

→ 'dele'는 동사 'dar'(주다)의 'usted'에 대한 명령인 'de'에다 'a su esposo'(당신의 남편께)의 목적격 'le'를 붙여 쓴 것이다.

'그렇다' 또는 '아니다'의 표현
[guɨrət^{h}a tonɨn anidaɨi p^{h}yojyən]

la expresión de 'sí' o 'no'
[라 에스쁘레시온 데 시 오 노]

15

그래, 그렇게 생각해.

[guɨrɛ guɨrək^{h}e sɛnggak^{h}ɛ]

→ '그래' es la interjección de responder afirmativo.

→ '그렇게' es la forma contractiva del adverbio '그러하게'(así).

→ '생각해' es el presente del verbo '생각하다'(pensar).

* 그래요, 그렇게 생각해요.(ustedeo)
[guɨrɛyo guɨrək^{h}e sɛnggak^{h}ɛyo]

* 그렇습니다, 그렇게 생각합니다.(ustedeo)
[guɨrəssɨmnida guɨrək^{h}e sɛnggak^{h}amnida]

15

Sí. Ya lo creo.

[시 야 로 끄레오]

→ 'ya'(이미 / 벌써)는 부사이다.

→ 'creo'는 동사 'creer'(믿다)의 직설법 현재 변화형이다.

확실해?

[jwakssiljɛ]

→ '확실'(la certeza) es sustantivo y con '-하다' se hace adjetivo. Aquí '확실해'es el interrogativo del adjetivo '확실하다'(cierto).

* 확실해요?(ustedeo)
[jwakssiljɛyo]

* 확실하십니까?(ustedeo)
[jwakssiljasimnica]

¿Es cierto?

[에스 시에르또?]

→ 'es'는 동사 'ser'(-이다)의 직설법 현재 변화형이다.

¿Es correcto?

[에스 꼬르렉또]

¿Estás seguro(a)?

[에스따스 세구로(라)]

→ 상대방이 여자이면 'segura'로 쓴다.

사실이야?

[sasiriya]

확실해.

[jwakssiljɛ]

¿Es verdad?

[에스 베르닫]

Está claro.

[에스따 끌라로]

Es cierto.

[에스 시에르또]

Es correcto.

[에스 꼬ㄹ렉또]

Estoy seguro(a).

[에스또이 세구로(라)]

정확해.

[zəngjwak^{h}ɛ]

Exactamente.

[엑삭따멘떼]

* 'exactamente'는 부사로 'exacto'라는 형용사를 그 여성형인 'exacta'로 바꾼 뒤에 부사어미 '-mente'를 붙인 것이다.

물론이야.

[mulroniya]

→ '물론' es sustantivo.

Por supuesto.

[뽀르 수뿌에스또]

바로 그거야!

[baro guɨgəya]

→ '바로'(justo) es la preposición coreana.

→ '그거' es la forma contractiva del pronombre '그것'(eso).

¡Justo!

[후스또]

* 부사로 표현하면 'justamente'가 되나 형용사의 원형, 즉 남성단수 형태를 그대로 사용하여 표현하기도 한다.

내 말이 맞아.

[nɛ mari maza]

→ '말'(la palabra) es sustantivo.

→ '맞아'(cierto / correcto) es adjetivo.

* 제 말이 맞습니다.(ustedeo)

[ze mari matssɨmnida]

Tengo razón.

[뗑고 ㄹ라손]

→ 'tengo'(가지다)는 동사 'tener'의 직설법 현재형이며 다양한 관용구를 만든다 :

tener frío(춥다)

tener calor(덥다)

tener hambre(배고프다)

tener sed(목마르다)

tener responsabilidad(책임이다)

tener sueño(졸리다)

동감입니다.

[donggamimnida]

Estoy con usted.

[에스또이 꼰 우스뗀]

아니.

[ani]

* 아니요.(ustedeo)

[aniyo]

* 아닙니다.(ustedeo)

[animnida]

No.

[노]

그렇지 않아.

[guɨrəchi ana]

No es así.

[노 에스 아시]

잘 모르겠어.

[zal morɨguessə]

No lo sé.

[노 로 세]

→ 'sé'는 동사 'saber'(알다)의 직설법 현재 변화형이다. 스페인어에서는 사람이나 지리를 안다고 할 때는 동사 'conocer'를 사용한다.

알게 뭐야!

[alque mwəya]

→ '뭐' es la forma contractiva de '무어', otra forma contractiva del pronombre '무엇'(qué / cuál).

사실이 아냐.

[sasiri anya]

확실치 않아.

[jwakssilchi ana]

전혀 확실치 않아.

[zənjyə jwakssilchi ana]

→ '전혀'(nada) es adverbio.

무슨 소리야!

[musɨn soriya]

맞지 않아.

[matzzi ana]

→ '-지' de '맞지' del adjetivo '맞다'(correcto / cierto) es la desinencia adversativa ante '아니하다'(no), el adjetivo auxiliar con que se hace negativa la oración. La forma contractiva de '아니하다' es '않다'.

No estoy seguro(a).

[노 에스또이 세구로(라)]

¡Quién sabe!

[끼엔 사베]

→ 'quién'은 '누구 / 누가'라는 뜻으로 이것을 의문문으로 하면 '누가 아느냐?'이나 감탄사를 붙여 역설적으로 표현한 것이다.

¡Qué sé yo!

[께 세 요]

No es verdad.

[노 에스 베르닫]

No es cierto.

[노 에스 시에르또]

No está nada claro.

[노 에스따 나다 끌라로]

¡Qué va!

[께 바]

No has acertado.

[노 아스 아세르따도]

→ 'has acertado'는 동사 'acertar'(맞추다)의 직설법 현재완료 변화형이다.

틀렸어.

[tʰɨlryəssə]

→ '틀리다'(errarse) es el verbo intransitivo y '-였' es la desinencia de tiempo pasado.

* 틀렸습니다.(ustedeo)
  [tʰɨlryətssɨmnida]

엉터리!

[əngtʰəri]

네가 틀렸어.

[nega tʰɨlryəssə]

¡Absurdo!

[압수르도]

Estás equivocado(a).

[에스따스 에끼보까도(다)]

→ 'equvocado'는 동사 'equivocarse'(틀리다 / 실수하다)의 과거분사형이다. 이렇게 재귀동사라 할지라도 재귀대명사는 제외하고 동사만 과거분사형으로 만든다.

No tienes razón.

[노 띠에네스 ㄹ라손]

부사적 표현
[busazək pʰyojyən]

la expresión adverbial
[라 에스쁘레시온 아드베르비알]

16

농담으로

[nongdamɨro]

마침내

[machimnɛ]

다르게 말해서

[darɨgue maljɛsə]

오늘날

[onɨlral]

결과적으로

[gyəlgwazəguɨro]

만일을 대비해서

[manirɨl dɛbijɛsə]

서면으로

[səmyənɨro]

영원히

[yəng-wənji]

언제나 그렇듯이

[ənzena guɨrətʰɨsi]

자칫

[zachit]

적어도

[zəgədo]

16

en broma

[엔 브로마]

al fin y al cabo

[알 휜 이 알 까보]

en otra palabra

[엔 오뜨라 빨라브라]

hoy día

[오이 디아]

hoy en día

[오이 엔 디아]

por consiguiente

[뽀르 꼰시기엔떼]

por si acaso

[뽀르 시 아까소]

por escrito

[뽀르 에스끄리또]

para siempre

[빠라 시엠쁘레]

como siempre

[꼬모 시엠쁘레]

por poco

[뽀르 뽀꼬]

por lo menos

[뽀르 로 메노스]

최소한	por lo mínimo
[chøsojan]	[뽀르 로 미니모]
최대한	por lo máximo
[chødɛjan]	[뽀르 로 막시모]
심지어	por encima
[simziə]	[뽀르 엔시마]
지금으로서는	por ahora
[ziguɨmɨrosənɨn]	[뽀르 아오라]
침착하게	con calma
[chimchak^{h}ague]	[꽁 깔마]
계속해서	a continuación
[gyesok^{h}ɛsə]	[아 꼰띠누아시온]
분명하게	con claridad
[bummyəngjague]	[꽁 끌라리닫]
조심스럽게	con cuidado
[zosimsɨrəpque]	[꽁 꾸이다도]
자주	con frecuencia
[zazu]	[꼰 후레꾸엔시아]
끈기있게	con paciencia
[quɨngui-itque]	[꼼 빠시엔시아]
진실로	de verdad
[zinsilro]	[데 베르닫]
진지하게	en serio
[zinzijague]	[엔 세리오]
비밀리에	en secreto
[bimilrie]	[엔 세끄레또]

사실상	en realidad
[sasilssang]	[엔 ㄹ레알리닫]
절대로	en absoluto
[zəltɛro]	[엔 압솔루또]
특별히	en particular
[t^{h}ɨkpyəlji]	[엔 빠르띠꿀라르]
확실히	por cierto
[jwakssilji]	[뽀르 시에르또]
불행하게도	por desgracia
[buljɛngjaguedo]	[뽀르 데스그라시아]
다행스레	por gracia
[dajɛngsɨre]	[뽀르 그라시아]
마지막으로	por último
[mazimaguɨro]	[뽀르 울띠모]
우연히	por casualidad
[uyənji]	[뽀르 까수알리닫]
완전히	por completo
[wanzənji]	[뽀르 꼼쁠레또]
가끔	de vez en cuando
[gaquɨm]	[데 베스 엥 꾸안도]
나날이	día a(por) día
[nanari]	[디아 아(뽀르) 디아]
갑자기	de pronto
[gapzzagui]	[데 쁘론또]
어쩌면	a lo mejor
[əzzəmyən]	[아 로 메호르]

처음에는 | al principio
[chəɨmenɨn] | [알 쁘린시삐오]
숨어서 | a escondidas
[suməsə] | [아 에스꼰디다스]
편하게 | a gusto
[pʰyənjague] | [아 구스또]
반대로 | al revés
[bandɛro] | [알 레베스]
처음으로 | por primera vez
[chəɨmɨro] | [뽀르 쁘리메라 베스]
마지막으로 | por última vez
[mazimaguɨro] | [뽀르 울띠마 베스]
습관대로 | de costumbre
[sɨpcwandɛro] | [데 꼬스뚬브레]
공짜로 | de balde
[gongzzaro] | [데 발데]
이집 저집 | de puerta en puerta
[izip zəzip] | [데 뿌에르따 엠 뿌에르따]
도매로 | al por mayor
[domɛro] | [알 뽀르 마요르]
소매로 | al por menor
[somɛro] | [알 뽀르 메노르]
예를 들어 | por ejemplo
[yerɨl dɨrə] | [뽀르 에헴쁠로]
끝없이 | sin parar
[quɨdəpssi] | [신 빠라르]

소개
[soguɛ]

la presentación
[라 쁘레센따시온]

17

성함이 어떻게 되십니까?

[səngjami ətəkʰe døsimnica]

¿Cómo se llama usted?

[꼬모 세 야마 우스뗀]

→ 동사 'llamarse'(이름이 -이다)

네 이름이 어떻게 되니?

[ne irɨmi ətəkʰe døni]

¿Cómo te llamas?

[꼬모 떼 야마스]

¿Cuál es tu nombre?

[꾸알 에스 뚜 놈브레]

제 이름은 김미래입니다.

[ze irɨmɨn guimmirɛimnida]

→ Se suele decir el nombre completo con el apellido primero.

Me llamo Mire Kim.

[메 야모 미래 김]

Mi nombre es Mire Kim.

[미 놈브레 에스 미래 김]

반갑습니다.

[bangapssɨmnida]

→ el adjetivo '반갑다'(encantado)

→ el tuteo es '반가워'.

¡Encantado(a)!

[엥깐따도(다)]

¡Tanto gusto!

[딴또 구스또]

¡Mucho gusto!

[무초 구스또]

제가 반갑습니다.

[zega bangapssɨmnida]

El gusto es mío.

[엘 구스또 에스 미오]

저도요.

[zədoyo]

Igualmente.

[이구알멘떼]

만나 뵈어 기쁩니다.

[manna bøə guipɨmnida]

Me alegro de conocerle(a usted).

[메 알레그로 데 꼬노세를레(아 우스뗀)]

→ '뵙다' es la forma contractiva del verbo de respeto '뵈옵다'(ver).

→ '기쁘다'(alegre) es adjetivo.

Mucho gusto en conocerle(a usted).

[무초 구스또 엥 꼬노세를레(아 우스뗀)]

Es un placer conocerle (a usted).

[에스 움 쁠라세르 꼬노세를레(아 우스뗀)]

만나 뵙고 싶었습니다.

[manna bøpco siphətssɨmnida]

→ '싶었습니다' es el pasado del verbo auxiliar '싶어하다'(desear / querer).

Tenía ganas de conocerle.

[떼니아 가나스 데 꼬노세를레]

→ 'tenía'는 동사 'tener'(가지다)의 직설법 불완료과거 변화형이다.

제 친구 김미래를 소개합니다.

[ze chingu guimmirɛrɨl sogɛjamnida]

→ '소개하다'(presentar) es verbo.

Le presento a mi amiga Mire Kim.

[레 쁘레센또 아 미 아미가 미래 김]

→ 'le'는 '당신에게'(a usted)의 간접목적격이다.

→ 'presento'는 동사 'presentar'(소개 하다)의 직설법 현재 변화형이다.

여기는 순이입니다.

[yəguinɨn suniimnida]

너, 라울을 아니?

[nə raurɨl ani]

Aquí es Suni.

[아끼 에스 수니]

¿Conoces a Raúl?

[꼬노세스 아 ㄹ라울]

→ 'conoces'는 동사 'conocer'(사람을 알다)의 직설법 현재 변화형이다.

너는 나를 모를 거야.

[nənɨn narɨl morɨl cəya]

Creo que no me conoces.

[끄레오 께 노 메 꼬노세스]

→ '거야' es la forma contractiva de '것이야' en que '것' es el sustantivo y '-이다' es la posposición terminativa.

너를 본 것 같아.

[nərɨl bon gət gat^{h}a]

→ '같아' es del adjetivo '같다'(igual / parecido).

Tu cara me suena.

[뚜 까라 메 수에나]

→ 'suena'는 동사 'sonar'(소리가 나다)의 직설법 현재 변화형이다.

당신 얼굴이 낯익습니다.

[dangsin əlguri nannikssɨmnida]

→ '얼굴' y '낯' tienen el mismo sentido 'cara', pero '낯익다'(familiar) es adjetivo y su antónimo es '낯설다'(extraño).

Su cara me resulta familiar.

[수 까라 메 ㄹ레술따 화밀리아르]

→ 'resulta'는 동사 'resultar'(결과가 나다)의 직설법 현재형이며 간접목적대명사와 함께 쓰인다.

우리가 서로 아는 사인가요?

[uriga səro anɨn saingayo]

→ '서로' se puede usar tanto adverbio como sustantivo.

→ '사이' es sustantivo y '사인가요?' es la forma contractiva de '사이인가요?'.

¿Nos conocemos?

[노스 꼬노세모스]

→ 'conocer'(알다)가 'conocerse'가 되어 '서로 알다'의 뜻이 된다.

몰라뵈어서 죄송합니다.(ustedeo)

[molrabøəsə zøsongjamnida]

→ '몰라뵙다' es el ustedeo del verbo '몰라보다'(no reconocer) y su antónimo es '알아보다'(reconocer).

Lo siento que no le haya reconocido.

[로 시엔또 께 노 레 아야 ㄹ레꼬노시도]

→ 'lo siento'가 감정을 표현하므로 종속절에 접속법을 쓴 것이다.

감사와 사과
[gamsawa sagwa]

el agradecimiento y la disculpa
[엘 아그라데시미엔또 이 라 디스꿀빠]

18

고마워. [gomawə]	Gracias. [그라시아스]
감사합니다. (ustedeo) [gamsajamnida]	
정말 고마워. [zəngmal gomawə]	Muchas gracias. [무차스 그라시아스]
정말 감사합니다. (ustedeo) [zəngmal gamsajamnida]	Muchísimas gracias. [무치시마스 그라시아스]
	Mil gracias. [밀 그라시아스]
	Miles de gracias. [밀레스 데 그라시아스]
	Millón de gracias. [미욘 데 그라시아스]
어떻게 감사를 드려야 할 지 모르겠습니다. (ustedeo) [ətəkʰe gamsarɨl dɨryəya jalzzi morɨguetssɨmnida]	No sé cómo agradecerlo. [노 세 꼬모 아그라데세를로] → 동사 'agradecer'(-을 감사하다)
천만에. [chənmane]	De nada. [데 나다]
천만에요. (ustedeo) [chənmaneyo]	No hay de qué. [노 아이 데 께]

미안해.

[mianjɛ]

→ '미안'(perdón) es sustantivo y con '-하다' se hace adjetivo.

미안합니다.(ustedeo)

[mianjamnida]

용서해!

[yongsəjɛ]

→ '용서'(disculpa) es sustantivo y con '-하다' se hace adjetivo.

용서하세요!(ustedeo)

[yongsəjaseyo]

정말 미안합니다.(ustedeo)

[zəngmal mianjamnida]

잠깐만.

[zamcanman]

잠깐만요.(ustedeo)

[zamcanmanyo]

* En el coreano realmente no se utiliza tanto la expresión 'por favor' sino se expresa con las desinencias de ustedeo y con los verbos de respeto.

¡Perdón!

[뻬르돈]

→ 동사' perdonar'(용서하다)의 명사형

¡Perdone!

[뻬르도네]

→ 동사'perdonar'(용서하다)의 '당신'에게 대한 명령형이다.

¡Disculpa!

[디스꿀빠]

→ 동사'disculpar'(용서하다)의 '너'에게 대한 명령형이다.

¡Disculpe!

[디스꿀뻬]

→ 동사'disculpar'(용서하다)의 '당신'에게 대한 명령형이다.

Mil disculpa.

[밀 디스꿀빠]

un momento.

[움 모멘또]

¡Un momento, por favor!

[움 모멘또 뽀르 화보르]

¡Un segundo, por favor!

[운 세군도 뽀르 화보르]

* 한국어에서는 실제로 '부탁합니다'(por favor)는 말보다는 존칭어미나 존칭동사를 사용한다. 그러나 스페인어에서는

기다려 주세요.

[guidaryə zuseyo]

* 기다려 줘.(tuteo)

잠깐 기다려 주시겠어요?

[zamcan guidaryə zusiguessəyo]

* 잠깐 기다려 줄래?.(tuteo)

지금은 안 되겠어요.

[ziguɨmɨn an døguessəyo]

* 지금은 안 돼.(tuteo)

지금 바로 봐 드릴게요.

[ziguɨm baro bwa dɨrilqueyo]

* 지금 바로 봐 줄게.(tuteo)

바로 돌아올게요. (ustedeo)

[baro doraolqueyo]

→ '돌아올게요' es el futuro del verbo '돌아오다'(volver).

지금 갑니다.(ustedeo)

[ziguɨm gamnida]

* 지금 가.(tuteo)

'por favor'를 많이 사용한다.

Espere, por favor.

[에스뻬레 뽀르 화보르]

→ 동사 'esperar'(기다리다)의 '당신'에게 대한 명령형이다.

¿Me puede esperar un rato?

[메 뿌에데 에스뻬라르 운 ㄹ라또]

→ 'puede'는 조동사 'poder'(할 수 있다)의 직설법 현재 변화형이다.

Ahora, no puedo.

[아오라 노 뿌에도]

En este momento no puedo.

[엔 에스떼 모멘또 노 뿌에도]

Ahora mismo le atiendo.

[아오라 미스모 레 아띠엔도]

→ 'atiendo'는 동사 'atender'(돌보다)의 직설법 현재 변화형이다.

En seguida estoy con usted.

[엔 세기다 에스또이 꼰 우스뗀]

Ahora vuelvo.

[아오라 부엘보]

→ 'vuelvo'는 동사 'volver'(돌아오다)의 직설법 현재 변화형이다.

Ya voy.

[야 보이]

기다리시게 해서 죄송합니다. (ustedeo)

[guidarisigue jɛsə zøsongjamnida]

Disculpe que le haga esperar.

[디스꿀뻬 께 레 아가 에스뻬라르]

→ 'disculpe'는 동사 'disculpar'(용서하다)의 '당신'에게 대한 명령형이며 뒤에 접속사 'que'가 나와 종속절이 이어지므로 종속절에서 동사 'hacer'는 접속법 현재 변화형인 'haga'가 된 것이다. 또한 'hacer'는 'le'(당신에게)와 함께 쓰이면서 동사원형인 'esperar'(기다리다)를 써서 '당신으로 하여금 기다리게 만든다'라는 뜻이 된다. 이런 종류의 동사로는 ver(보다), oír(듣다), mandar(보내다), prohibir(금지하다) 등이 있다 :

La oigo cantar.(나는 그녀가 노래하는 것을 듣는다.)

La oigo a Juana cantar.(나는 후아나가 노래하는 것을 듣는다.)

→ 동사 앞에 직접목적대명사는 반드시 써야하고 필요하면 'a Juana'처럼 동사원형 'cantar'(노래하다)의 주체를 더 쓸 수 있다.

초대
[chodɛ]

la invitación
[라 임비따시온]

19

올래?

[olrɛ]

→ '올래' en que '-ㄹ래' es la desinencia de tiempo futuro interrogativa y afirmativa del verbo '오다'(venir), por eso se diferencia sólo por la entonación si es interrogativa o afirmativa.

너를 초대할게.

[nəril chodɛjalque]

→ '초대할게' es el futuro del verbo '초대하다'(invitar).

당신을 초대하고 싶습니다. (ustedeo)

[dangsinil chodɛjago sipssimnida]

→ '싶습니다' es el ustedeo del verbo auxiliar '싶다'(querer / desear), la forma contractiva de '싶어하다'.

내 생일에 너를 초대할게.

[nɛ sɛng-ire nəril chodɛjalque]

19

¿Vienes?

[비에네스]

→ 'vienes'는 동사 'venir'(오다)의 직설법 현재 변화형이다.

¿Quieres venir?

[끼에레스 베니르]

→ 'quieres'는 동사 'querer'(원하다)의 직설법 현재이며 목적어로 동사원형이 올 수 있다.

Te invito.

[떼 임비또]

→ 'invito'는 동사 'invitar'(초대하다)의 직설법 현재 변화형이다.

Quisiera invitarle.

[끼시에라 임비따를레]

→ 'quisiera'는 동사 'querer'(원하다)의 접속법 과거로 현재에서 사용하는 경우 겸손한 표현이 된다.

Te invito a mi cumpleaños.

[떼 임비또 아 미 꿈쁠레아뇨스]

→ 여기서 'a'는 '-에'(내 생일에)의 뜻이다.

* 스페인어에서 생일은 2살부터 복수가 된다.

내가 커피 살게.

[nɛga $k^h əp^h i$ salque]

→ '살게' es el futuro del verbo '사다'(comprar) y se puede omitir la posposición acusativa '-을 / -를' que se debe salir detrá de '커피'(café) que es el objeto del verbo 'comprar'.

Te invito al café.

[떼 임비또 알 카훼]

* '자기가 돈을 내서 접대한다'고 할 때 동사 'invitar'와 함께 전치사 'a'를 사용하여 표현한다.

자, 내가 산다니까.

[za, nɛga sandanica]

→ '산다니까' es la forma intensificada del presente del verbo '사다' (comprar).

Venga, te invito yo.

[벵가 떼 임비또 요]

→ 'yo'(나)가 뒤에 나와 강조된 것이다.

물론이야.

[mulroniya]

¡Claro!

[끌라로]

¡Cómo no!

[꼬모 노]

¡Por qué no!

[뽀르 께 노]

좋아.

[zoa]

¡Qué bien!

[께 비엔]

Me encanta.

[메 엥깐따]

→ 'encanta'는 동사 'encantar'(-에게 매력이 있다)의 직설법 현재로 간접목적격과 함께 쓰이는 동사이다. 이런 종류의 동사는 'gustar'(-에게 마음에 들다),

'sobrar'(-에게 남아있다), 'tocar'(-에게 당첨되다), 'doler' (-에게 아프다), 'apetecer'(-에게 입맛이 당기다) 'faltar'(-에게 -이 부족하다) 등이 있다 :

Me gusta bailar.(나는 춤추고 싶다.)

A mí me gusta bailar.

→ 이렇게 간접목적대명사를 두 번 반복하여 쓸 수 있으나 목적격인 'me'는 반드시 써야한다.

Me gustan las manzanas.

(나는 사과를 좋아한다.)

Me duele el estómago.

(나는 배가 아프다.)

A ella le falta tiempo.

(그녀는 시간이 부족하다.)

좋은 생각이야!

[zoɨn sɛnggaguiya]

¡Buena idea!

[부에나 이데아]

기꺼이!

[guicəi]

¡Con mucho gusto!

[꼼 무초 구스또]

글쎄.

[guɨlsse]

¡A ver!

[아 베르]

고맙지만 안 되겠어.

[gomapzziman an døguessə]

→ '고맙지만' es el presente del adjetivo '고맙다'(gracias) con la posposición adversativa '-지만'.

No puedo, gracias.

[노 뿌에도 그라시아스]

불가능해.

[bulganɨngjɛ]

미안해, 안 되겠어.

[mianjɛ an døguessə]

Imposible.

[임뽀시블레]

Lo siento, me resulta imposible.

[로 시엔또 메 ㄹ레술따 임뽀시블레]

→ '미안하다'는 뜻으로 'lo siento'를 사용한다. 동사 'sentir'는 '느끼다'라는 뜻이다.

가면 좋겠지만 안 되겠어.

[gamyən zok^{h}etzziman an døguessə]

Me gustaría, pero no puedo.

[메 구스따리아 뻬로 노 뿌에도]

→ 'gustaría'는 동사 'gustar'의 가상미래형으로 여기서는 현재에서의 겸손한 표현이다.

생각해 줘서 고마워.

[sɛnggak^{h}ɛ zwəsə gomawə]

→ '생각해 줘서' es la forma compuesta con el verbo '생각하다'(pensar) y el verbo auxiliar '주다'(actuar para otros). '줘서' es la forma contractiva de '주어서' en que '-어서' es la desinencia causativa. Si el verbo '주다' se usa como el verbo principal tiene el sentido de dar.

Gracias por pensar en mí.

[그라시아스 뽀르 뻰사르 엔 미]

→ '무엇에 대해 고맙다'라고 할 때 '그 무엇'은 전치사 'por'와 함께 표현한다.

→ 동사 'pensar'(생각하다)는 동사원형을 목적어로 받을 수 있고 또한 사람이 목적어가 되는 경우에 전치사 'en'과 함께 쓴다.

→ 'en mí'에서 'mí'는 전치격이라 하여 전치사와 함께 쓰일 때의 형태이다. 'tú'의 경우는'ti'가 된다. 단, 'conmigo'와 'contigo'는 다르다.

유감이다.

[yugamida]

¡Qué lástima!

[께 라스띠마]

→ 여기서 'qué'는 감탄사이다.

그런 말 마!

[guirən mal ma]

→ '마' es la contractiva de '말아라 / 마라)' del imperativo del verbo '말다'(no hacer) y si se usa con otro verbo se hace el verbo auxiliar, por ejemplo, en '가지 마라'(no vayas / no te vayas) el verbo principal es '가지' del verbo '가다'(ir).

¡Ni hablar!

[니 아블라르]

→ 'ni'는 'ni A ni B'(A도 B도 아닌)로 주로 쓰이나 여기서는 강조로 쓰인것이다.

→ 동사 'hablar'는 '말하다'의 뜻을 가지며 특히 '언어를 말한다'고 할 때 쓰인다. 그 외에 동사 'decir'(말하다)와 동사 'contar'(말하다)가 있다 :

Hablo español.(나는 스페인어를 말한다.)

Hablo de ti.(나는 너에 대해 말한다.)

Digo la verdad.(나는 진실을 말한다.)

Cuento una larga historia.(나는 긴 역사얘기를 한다.)

절대로 안 돼.

[zəltɛro an dwɛ]

¡De ningún modo!

[데 닝굼 모도]

→ 'ninguno'는 남성단수명사 앞에서 'ningún'이 된다.

¡De ninguna manera!

[데 닝구나 마네라]

다음에 하자.

[daɨme jaza]

→ '하자' es el imperativo para nosotros del verbo '하다'(hacer) y el ustedeo es '합시다'

돼어!

[dwɛssə]

너무한다고 생각하지 않니?

[nəmujandago sɛnggak^{h}azi anni]

좀 봐줘.

[zom bwazwə]

어떻겠니?

[ətək^{h}enni]

어떻겠어요?(ustedeo)

[ətək^{h}essəyo]

좋겠니?

[zok^{h}enni]

좋겠어요?(ustedeo)

[zok^{h}essəyo]

나쁘겠니?

[napɨguenni]

나쁘겠어요?(ustedeo)

[napɨguessəyo]

¡Para otro día!

[빠라 오뜨로 디아]

→ 'el otro día'는 과거의' 어느 날'이 되고 'otro día'는 미래의 '어느 날'이 된다.

Ya basta.

[야 바스따]

¿No crees que eres demasiado(a)?

[노 끄레에스 께 에레스 데마시아도(다)]

¡Que seas generoso(a)!

[께 세아스 헤네로소(사)]

¿Qué te parece?

[께 떼 빠레세]

¿Qué le parece?

[께 레 빠레세]

¿Te parece bien?

[떼 빠레세 비엔]

¿Le parece bien?

[레 빠레세 비엔]

¿Te parece mal?

[떼 빠레세 말]

¿Le parece mal?

[레 빠레세 말]

식사할 때
[sikssajal tɛ]

en la hora de comer
[엔 라 오라 데 꼬메르]

20

드십시오. (ustedeo)

[dɨsipssio]

→ '드십시오' es el imperativo para usted del verbo de respeto '드시다' del verbo '먹다'(comer) y el imperativo para nosotros es '듭시다'.

맛있습니다. (ustedeo)

[masitssɨmnida]

배부릅니다. (ustedeo)

[bɛburɨmnida]

→ '배부릅니다' es el ustedeo del presente del verbo '배부르다'(estar lleno) y tiene otro sentido(estar concebida).

많이 먹었습니다. (ustedeo)

[mani məgətssɨmnida]

20

¡Que aproveche!

[께 아쁘로베체]

→ 'aproveche'는 동사 'aprovechar'(해보다 / 이용하다)의 접속법 현재로 'usted'에 대한 명령형이다.

¡Buen provecho!

[부엔 쁘로베초]

¡Buen apetito!

[부엔 아뻬띠또]

¡Qué rico!

[께 ㄹ리꼬]

→ 'rico'는 형용사로 주로 '부자인'의 뜻으로 쓰인다.

¡Qué sabroso!

[께 사브로소]

Estoy lleno(a).

[에스또이 예노(나)]

Me he sancionado.

[메 에 산시오나도]

→ 'he sancionado'는 동사 'sancionar'(제재를 가하다)의 직설법 현재완료형이다. 이를 'sancionarse'로 재귀화하여 자동사가 됨으로써 '제재가 걸리다'라는 뜻이 된다.

됐습니다. 감사합니다. (ustedeo)

[dwɛtssɨmnida gamsajamnida]

무엇을 드시겠어요? (ustedeo)

[muəsɨl dɨsiguessəyo]

스페인식 또르띠야를 먹겠어요. (ustedeo)

[sɨp^{h}einsik torɨtiyarɨl məkquessəyo]

전채로 무엇을 드시겠어요? (ustedeo)

[zənchɛro muəsɨl dɨsiguessəyo]

전채로 바스크식 명태요리를 먹겠어요. (ustedeo) [zənchɛro basɨk^{h}ɨsik myəngt^{h}ɛyorirɨl məkquessəyo]

주요리로 무엇을 드시겠어요? (ustedeo)

[zuyoriro muəsɨl dɨsiguessəyo]

주요리로 양고기구이를 먹겠어요. (ustedeo)

[zuyoriro yanggoguigüirɨl məkquessəyo]

후식으로 무엇을 드시겠어요? (ustedeo)

[jusiguɨro muəsɨl dɨsiguessəyo]

후식으로 아이스크림을 먹겠어요. (ustedeo)

[jusiguɨro aisɨk^{h}ɨrimɨl məkquessəyo]

Ya. Gracias.

[야 그라시아스]

¿Qué quieren tomar ustedes?

[께 끼에렌 또마르 우스떼데스]

Queremos tortilla a la española.

[께레모스 또르띠야 아 라 에스빠뇰라]

¿De primero, qué quiere comer?

[떼 쁘리메로 께 끼에레 꼬메르]

De primero, quiero merluza a la vasca.

[떼 쁘리메로 끼에로 메를루사 아 라 바스까]

¿De segundo, qué quiere comer?

[떼 세군도 께 끼에레 꼬메르]

De segundo, quiero el cordero asado.

[떼 세군도 끼에로 엘 꼬르데로 아사도]

¿De postre, qué quiere comer?

[떼 뽀스뜨레 께 끼에레 꼬메르]

De postre, quiero un helado.

[떼 뽀스뜨레 끼에로 웅 엘라도]

전화하기
[zənjwajagui]

llamar por teléfono
[야마르 뽀르 뗄레호노]

21

여보세요.

[yəboseyo]

* En el coreano el que llama o el que coge dice lo mismo.

여보세요.(건 사람)

[yəboseyo(gən saram)]

여보세요.(받는 사람)

[yəboseyo(bannɨn saram)]

¡Aló!

[알로]

* 전화를 건 사람이나 받는 사람이나 모두 사용할 수 있다.

¡Oiga!

[오이가]

* 전화를 건 쪽에서 하는 말이다.

→ 'oiga'는 동사 'oír'(듣다)의 접속법 현재로 'usted'에 대한 명령형이다.

¡Diga!

[디가]

* 전화를 받는 쪽에서 하는 말이다.

→ 'diga'는 동사 'decir'(말하다)의 접속법 현재로 'usted'에 대한 명령형이다.

¡Dígame!

[디가메]

→ 'dígame'는 동사 'decir'(말하다)의 접속법 현재로 'usted'에 대한 명령형인 'diga'에 '나에게'라는 뜻의 'me'가 합쳐지므로 원래 동사의 강세 자리에 강세부호를 붙인 형태이다. 이렇게 긍정 명령에서 목적대명사들이 함께 쓰이면 동사의 뒤에 붙여서 써주고 강세의

누구세요? (ustedeo)

[nuguseyo]

→ '누구' es pronombre y '-세요' es la posposición interrogativa de '-시다', el ustedeo de '-이다'. El tuteo es '누구니 / 누구야', la forma contractiva de '누구이니 / 누구이야'. Si se usa con la posposición '-도' tiene sentido negativo, por ejemplo, '누구도 할 수 없다'(nadie puede hacer).

안또니오인데요. (ustedeo)

[antonio indeyo]

안또니오입니다. (ustedeo)

[antonio imnida]

마리아를 바꿔주세요. (ustedeo)

[mariaril bacwəzuseyo]

자리에 변화가 생기면 원래 동사의 강세 자리에 강세부호를 반드시 찍는다.

¡Bueno! (México)

[부에노] (메히꼬)

¡Oigo! (Cuba)

[오이고] (꾸바)

¿De parte de quién?

[데 빠르떼 데 끼엔]

De parte de Antonio.

[데 빠르떼 데 안또니오]

Aquí habla Antonio.

[아끼 아블라 안또니오]

→ 여기서 말하는 사람이 안또니오라도 동사는 3인칭 단수 'habla'로 쓴다.

Póngame con María.

[뽕가메 꼼 마리아]

→ '바꿔주세요' es la forma compuesta con el verbo '바꾸다'(cambiar) y el verbo auxiliar '주다'(actuar para otros) y '바꿔' es la forma contractiva de '바꾸어' en que '-어' es la desinencia descriptiva.

→ 'póngame'는 동사 'poner'(놓다)의 접속법 현재로 'usted'에 대한 명령형 'ponga'에 '나에게'라는 뜻의 'me'가 합쳐진 형태이다.

마리아와 통화하고 싶은데요. (ustedeo)
[mariawa tʰongjwajago sipʰɨndeyo]

Quisiera hablar con María.
[끼시에라 아블라르 꼼 마리아]
* '통화하다'는 뜻의 'llamar por teléfono'가 있다.

전데요. (ustedeo)
[zəndeyo]
→ '전데요' es la forma compuesta del pronombre '저'(yo) con la posposición de ustedeo '-입니다' de '-이다' y se puede decir '접니다'.

Con ella habla.
[꼰 에야 아블라]

잠깐만요. (ustedeo)
[zamcanmanyo]

Un momento, por favor.
[움 모멘또 뽀르 화보르]

곧 바꿔 드리겠습니다. (ustedeo)
[got bacwə dɨriguetssɨmnida]

En seguida la pongo.
[엔 세기다 라 뽕고]
* 여기서 'la'는 '그 여자'를 받는 대명사이다.

지금 없어요. (ustedeo)

[ziguɨm əpssəyo]

나중에 거세요. (ustedeo)

[nazung-e gəseyo]

Ahora no está.

[아오라 노 에스따]

Llame más tarde.

[야메 마스 따르데]

→ 'llame'는 동사 'llamar'(전화하다)의 접속법 현재로 'usted'에 대한 명령형이다.

나중에 다시 거세요. (ustedeo)

[nazung-e dasi gəseyo]

→ '거세요' es la forma imperativa del ustedeo del verbo '걸다' que tiene varios sentidos :

전화를 걸다(llamar por teléfono)

말을 걸다(dirigirse a)

시동을 걸다(arrancar el coche)

목숨을 걸다(exponer la vida) etc..

Vuelva a llamar otra vez.

[부엘바 아 야마르 오뜨라 베스]

→ 'vuelva'는 동사 'volver'(돌아오다)의 접속법 현재로 'usted'에 대한 명령형이다. 'volver a inf.'는 '다시 -하다'의 뜻이다.

나중에 다시 걸게요. (ustedeo)

[nazung-e dasi gəlqueyo]

Volveré a llamarle.

[볼베레 아 야마를레]

→ 'volveré'는 동사 'volver'(돌아오다)의 직설법 미래이다.

잘 안 들려요. (ustedeo)

[zal an dɨlryəyo]

→ '들리다' es la forma pasiva del verbo '듣다'(oír).

No le oigo bien.

[노 레 오이고 비엔]

→ 'oigo'는 동사 'oír'(듣다) 의 직설법현재이며 'la'는 'oír'의 목적어이다. 즉 '그녀'를 받은 것이다. 만약 상대방이 남자이면 'le / lo'를 쓴다.

끊지 마세요. (ustedeo)

[quɨnchi maseyo]

→ '끊다'(colgar / cortar) es verbo.

No cuelgue.

[노 꾸엘게]

→ 'cuelgue'는 동사 'colgar'(끊다)의 접속법 현재로 'usted'에 대한 명령형이다.

기다릴까요? (ustedeo)

[guidarilcayo]

→ '기다릴까요' es la forma interrogativa del futuro del verbo '기다리다'(esperar).

¿Espero?

[에스뻬로]

잘 못 거셨어요. (ustedeo)

[zal mot gəsyəssəyo]

→ '거셨어요' es el pasado del verbo '거시다', el ustedeo del verbo '걸다'(llamar por teléfono).

Está equivocado(a).

[에스따 에끼보까도(다)]

Se ha equivocado.

[세 아 에끼보까도]

몇 번에 거셨어요? (ustedeo)

[myət pəne gəsyəssəyo]

¿A qué número llama?

[아 께 누메로 야마]

통화중입니다. (ustedeo)

[tʰongjwazung-imnida]

→ '중'(el medio) es sustantivo con que se expresa la forma progresiva.

Está comunicando.

[에스따 꼬무니깐도]

→ 'comunicando'는 동사 'comunicar'(소통하다)의 현재분사로 'estar'와 함께 진행형이 된 것이다.

Está ocupada la línea.

[에스따 오꾸빠다 라 리네아]

→ 'ocupada'는 동사 'ocupar'(차지하다)의 과거분사로 여기서는 'la línea'(선)를 수식하는 형용사적 기능을 한다.

다른 전화를 받고 있습니다. (ustedeo)

[darɨn zənjwarɨl batco itssɨmnida]

Está al teléfono.

[에스따 알 뗄레호노]

Está en otra línea.

[에스따 엔 오뜨라 리네아]

전화번호를 주시겠습니까? (ustedeo)

[zənjwabənjorɨl zusiguetssɨmnica]

¿Podría darme el número (de teléfono)?

[뽀드리아 다르메 엘 누메로(데 뗄레호노)]

메모를 남기시겠습니까? (ustedeo)

[memorɨl namguisiguetssɨmnica]

→ '남기시겠습니까' es la forma interrogativa del futuro del verbo '남기시다', el ustedeo del verbo' 남기다 (dejar).

¿Quiere dejarle algún recado?

[끼에레 데하를레 알군 ㄹ레까도]

→ 'algún'은 'alguno'(어느)가 남성단수 명사 앞에 쓰일 때의 형태이다.

메모를 남겨도 되겠습니까? (ustedeo)

[memorɨl namgyədo døguetssɨmnica]

¿Podría dejarle un recado?

[뽀드리아 데하를레 운 ㄹ레까도]

자동응답기가 받네.

[zadongɨngdapquiga banne]

→ '받네' es del verbo '받다'(recibir) en que '-네' es una variante de las desinencias terminativas.

Habla el contestador automática.

[아블라 엘 꼰떼스따도르 아우또마띠까]

119로 거십시오. (ustedeo)

[il ilguro gəsipssio]

Marque el número uno uno nueve.

[마르께 엘 누메로 우노 우노 누에베]

→ 'marque'는 동사 'marcar'(표하다)의 'usted'에 대한 명령형이다.

도움을 요청할 때
[doumɨl yochəngjal tɛ]

para pedir ayudas
[빠라 뻬디르 아유다스]

22

도와줘!

[dowazwə]

→ Es del verbo compuesto con el verbo '돕다'(ayuar) y el verbo auxiliar '주다'(actuar para otros) y '줘' es la forma contractiva de '주어' en la forma imperativa. Y el ustedeo de '도와줘' es '도와주세요'.

살려 줘!

[salryə zwə]

→ '살려줘' es la forma compuesta con el verbo '살리다'(salvar) que es la forma pasiva del verbo '살다'(vivir) y el verbo auxiliar '주다'(actuar para otros) y '줘' es la forma contractiva de '주어' en la forma imperativa. Y el ustedeo de '살려 줘' es '살려 주세요'.

여기요! (ustedeo)

[yəguiyo]

제발요! (ustedeo)

[zebaryo]

22

¡Ayuda!

[아유다]

→ 'ayuda'(도움)는 동사 'ayudar'(돕다)의 명사형이다.

¡Auxilio!

[아욱실리오]

→ 'auxilio'(구조)는 동사 'auxiliar'(구조하다) 의 명사형이다.

¡Socorro!

[소꼬ㄹ로]

→ 'socorro'(구조)는 동사 'socorrer'(구조하다) 의 명사형이다.

¡Aquí!

[아끼]

¡Por favor!

[뽀르 화보르]

도움이 필요합니다. (ustedeo)

[doumi p^hiryojamnida]

Necesito ayuda.

[네세시또 아유다]

→ 'necesito'는 동사 'necesitar'(필요하다)의 직설법 현재이다.

맙소사, 나 좀 도와줘.

[mapssosa na zom dowazwə]

→ '맙소사' es la interjectiva.

→ '좀' es la contractica del adverbio '조금'(poco).

¡Dios mío, ayúdame!

[디오스 미오 아유다메]

→ 'Dios mío'는 '하나님 맙소사'라는 뜻의 감탄사이다. '하나님, 제발'의 뜻으로는 'por Dios'로 표현한다. 이때 'Dios'는 항상 대문자로 표기한다. 왜냐하면 대부분의 스페인어 사용국은 하니님을 유일신으로 믿기 때문이다.

청컨대, 도와주십시오. (ustedeo)

[chəngk^həndɛ dowazusipssio]

→ '청컨대' es la forma contractiva de '청하건대' en que el verbo es '청하다'(pedir) y '-건대' es la desinencia que tiene el sentido confirmativo.

Ruego que me ayude.

[ㄹ루에고 께 메 아유데]

→ 'ruego'는 동사 'rogar'(필요하다)의 직설법 현재이며 종속절에 접속법을 사용한다.

도와줄래?

[dowazulrɛ]

¿Me ayudas?

[메 아유다스]

¿Puedes ayudarme?

[뿌에데스 아유다르메]

당연하지.

[dang-yənjazi]

¡Naturalmente!

[나뚜랄멘떼]

→ '당연하지'(naturalmente) en que '당연하다' es adverbio predicativo y '-지' es la desinencia que tiene el sentido confirmativo. Y su otra forma es '당연히'.

¡Por supuesto!
[뽀르 수뿌에스또]

도와줄까?
[dowazulca]
→ '도와줄까' es la forma interrogativa del futuro del verbo '도와주다'(ayudar).

¿Te ayudo?
[떼 아유도]

도와주면 좋겠어?
→ '도와주면'(si te ayudo) en que '도와주다'(ayudar) es verbo y '-면' es la desinencia que tiene el sentido condicional.

¿Quieres que te ayude?
[끼에레스 께 떼 아유데]
→ 'quiero'는 동사 'querer'(원하다)의 직설법 현재이며 종속절에 접속법을 사용한다.

그래, 제발.
[guirɛ zebal]
→ '제발'(por favor) es adverbio.

Sí, por favor.
[시 뽀르 화보르]

뭘 도와줄까?
[mwəl dowazulca]
→ '뭘' es la forma contractiva de '무엇을'(qué) en que '-을' es la posposición acusativa.

¿En qué te ayudo?
[엔 께 떼 아유도]

무엇이든 말해 봐.
[muəsidɨn maljɛ bwa]

Dime cualquier cosa.
[디메 꾸알끼에르 꼬사]

→ '-이든' es la forma contractiva de la posposición '-이든지' que tiene sentido de 'cualquiera'.

→ 'dime'는 동사 'decir'(말하다)의 'tú'에 대한 명령형인 'di'에다 '나에게'라는 목적격이 합쳐친 형태이다. 이 때 원래동사에 강세부호를 표기하지 않은 것은 'di'라고 할 때나 'dime'라고 할 때 강세의 위치가 변하지 않기 때문이다.

→ 'cualquier'의 원형은 'cualquiera'인데 명사 앞에서는 'cualquier'로 사용한다.

친구가 그래서 있는 거야.

[chinguga guɨrɛsə innɨn gəya]

Los amigos están para eso.

[로스 아미고스 에스딴 빠라 에소]

내가 너를 돕도록 해 줘.

[nɛga nərɨl doptorok jɛ zwə]

→ '돕도록' en que el verbo es '돕다'(ayudar) y '-도록' es la desinencia que tiene sentido de 'para que'.

Déjame que te ayude.

[데하메 께 떼 아유데]

→ 'déjame'는 동사 'dejar'(놔두다)의 'tú'에 대한 명령형인 'deja'에 '나에게'라는 목적격이 합쳐진 형태이다. 이 때 원래동사에 강세부호를 표기한 것은 'deja'라고 할 때는 강세가 'de'위에 오고 'dejame'라고 할 때는 강세가 'ja' 위에 오므로 'déjame'로 강세부호를 써준 것이다.

제가 당신을 돕도록 해 주세요. (ustedeo)

[zega dangsinɨl doptorok jɛ zuseyo]

Déjeme que le ayude.

[데헤메 께 레 아유데]

약속 [yakssok] / la cita [라 시따]

23

시간 있니?

[sigan inni]

¿Tienes tiempo?

[띠에네스 띠엠뽀]

그래, 한가해.

[guɨrɛ jangajɛ]

Sí, estoy libre.

[시 에스또이 리브레]

아니, 바빠.

[ani bapa]

→ '바쁘다'(ocupado) es adjetivo.

No, estoy ocupado(a).

[노 에스또이 오꾸빠도(다)]

어디에서 만날까?

[ədiesə mannalca]

¿Dónde nos quedamos?

[돈데 노스 께다모스]

→ 'quedar'는 자동사인데 'quedarse'가 되어 별 의미 없이 사용되는 재귀형이다. 즉, 자동사에 재귀대명사가 붙는다는 것 자체가 이상하나 관습적으로 많이 사용된다.

시내에서 만나자.

[sinɛesə mannaza]

Nos quedamos en el centro.

[노스 께다모스 엔 엘 센뜨로]

시청 앞에서 보자.

[sichəng apʰesə boza]

Nos vemos enfrente del Ayuntamiento.

[노스 베모스 엔후렌떼 델 아윤따미엔또]

→ 동사 'ver'(보다)가 재귀형을 취하여 '서로 본다'는 뜻이 된다. 이렇게 재귀대명사를 사용하여 상호문을 만들수 있다.

몇 시에 볼까?

[myət ssie bolca]

¿A qué hora nos vemos?

[아 께 오라 노스 베모스]

→ 시각을 표현할 때 전치사 'a'를 사용한다.

언제 볼까?

[ənze bolca]

¿Cuándo nos vemos?

[꾸안도 노스 베모스]

무슨 요일에 볼까?

[musɨn yoire bolca]

¿Qué día nos vemos?

[께 디아 노스 베모스]

→ 'qué día'는 'qué día de la semana'(무슨 요일)의 줄임말이다.

내일 보자.

[nɛil boza]

Nos vemos mañana.

[노스 베모스 마냐나]

오늘이 며칠이니?

[onɨri myəchirini]

¿A cuántos estamos hoy?

[아 꾸안또스 에스따모스 오이]

→ 날짜를 표현할 때 전치사 'a'를 사용한다.

¿Qué fecha es hoy?

[께 훼차 에스 오이]

20일이 어떻겠니?[isibiri ətəkʰenni]

→ '어떻겠니' en que '어떻다' es la forma contractiva del adjetivo '어떠하다'(cómo estar) y '-겠니' es la desinencia interrogativa cuyo sentido es de conjeturar.

¿Qué te parece el día 20?

[께 떼 빠레세 엘 디아 베인떼]

→ 동사 'parecer'는 간접목적대명사와 함께 쓰여 '-에게 -하게 보이다'의 뜻이다.

괜찮겠니?

[gwɛnchankʰenni]

¿Te conviene?

[떼 꼼비에네]

→ '괜찮겠니' en que '괜찮다'(bueno / conveniente) es adjetivo y '-겠니' es la desinencia interrogativa cuyo sentido es de conjeturar.

→ 동사 'convenir'(의견이 일치하다)는 간접목적대명사와 함께 쓰여 '-에게 편하다'의 뜻이다.

언제라도 내게는 마찬가지야.

[ənzerado nɛguenɨn machangaziya]

→ '마찬가지'(lo mismo) es sustantivo.

Me da igual sea cuando sea.

[메 다 이구알 세아 꾸안도 세아]

→ 동사 'dar'(주다)는 여러 가지의 의미를 가지며 여기서는 '마찬가지다'라는 뜻이다.

→ 'sea'는 동사 'ser'의 접속법 현재형으로 이런 형식을 취하여 '-든지'의 뜻을 갖는다 :

sea quien sea (누구든지)

sea donde sea (어디든지)

sea como sea (어떻게든지)

sea cuanto sea (얼마든지)

약속을 바꾸고 싶은데요. (ustedeo)

[yakssoguɨl bacugo sip^hɨndeyo]

Quisiera cambiar la cita.

[끼시에라 깜비아르 라 시따]

괜찮을까요? (ustedeo)

[gwɛnchanɨlcayo]

¿Se puede?

[세 뿌에데]

* 항상 이 형태를 사용한다. 남의 집 등을 방문하였을 때 이 표현을 쓰면 '들어가도 괜찮아요?'의 뜻이다.

그 시간에는 안 되겠는데요. (ustedeo)

[gɨ siganenɨn an døguennɨndeyo]

A esa hora me es imposible.

[아 에사 오라 메 에스 임뽀시블레]

그러면 몇 시가 좋으시겠습니까? (ustedeo)

[guɨrəmyən myətssiga zoɨsiguetssɨmnica]

Entonces, ¿a qué hora le convendrá?

[엔똔세스 아 께 오라 레 꼼벤드라]

→ 'convendrá'는 동사 'convenir'(의견이 일치하다)의 직설법 미래형이다.

그 시간만 아니라면요. (ustedeo)

[guɨ siganman aniramyənyo]

Si no fuera a esa hora.

[시 노 후에라 아 에사 오라]

* 'si no fuera'는 가정문 현재로 'fuera'는 동사 'ser'의 접속법 과거이다. 이렇게 가정문은 'si + 동사의 접속법 과거'로 가정문 현재를, 'si + 동사의 접속법 과거 완료'로 가정문 과거를 만든다. 또한 주절은 가상미래형 또는 접속법과거를 사용하여 만든다 :

Si tuviera dinero viajaría (viajara) por España.(만약 내게 돈이 있다면 스페인으로 여행을 가겠지만.)

Si hubiera tenido dinero, habría viajado (hubiera viajado) por España. (만약 내게 돈이 있었더라면 스페인으로 여행을 갔었겠지만.)

정각에 와.

[zənggague wa]

→ '와' es el imperativo del verbo '오다'(venir) y el ustedeo es '오세요 / 오십시오'.

Vente puntual.

[벤떼 뿐뚜알]

→ 'vente'는 동사 'venir'(오다)를 재귀화하여 만든 'venirse'를 'tú'에 대한 명령형으로 만든 것이다.

무슨 일이니?

[musɨn irini]

¿Qué te pasa?

[께 떼 빠사]

¿Te pasa algo?

[떼 빠사 알고]

* 'algo'는 '약간'이라는 뜻을 갖는 불특정대명사이다.

¿Te ocurre algo?

[떼 오꾸ㄹ레 알고]

→ 'ocurre'는 동사 'ocurrir'(일이 일어나다) 의 직설법 현재형이다.

¿Te sucede algo?

[떼 수세데 알고]

→ 'sucede'는 동사 'suceder'(일이 일어나다) 의 직설법 현재형이다.

무슨 일이십니까? (ustedeo)

[musɨn irisimnica]

¿Qué le pasa?

[께 레 빠사]

→ 'pasa'는 동사 'pasar'(일이 일어나다) 의 직설법 현재형이다.

괜찮니?

[gwɛnchanni]

¿Estás bien?

[에스따스 비엔]

무슨 걱정있니?

[musɨn gəkzzəng-inni]

¿Estás preocupado(a) por algo?

[에스따스 쁘레오꾸빠도(다) 뽀르 알고]

→ '걱정하다'는 뜻의 동사는 'preocuparse'이며 전치사 'por'와

함께 쓰인다. 여기서는 'estar'와 과거분사형인 'preocupado'가 '-한 상태이다'로 표현한 것이다.

걱정이 있어 보인다.

[gəkzzəng-i issə boinda]

Te veo un poco preocupado(a).

[떼 베오 움 뽀꼬 쁘레오꾸빠도(다)]

* 'un poco'는 '조금'이라는 뜻의 부사로 뒤의 형용사 'preocupado'를 수식한다. 그 외에 'poco'는 불특정대명사로 쓰인다.

신경이 예민해 보인다.

[singyəng-i yeminjɛ boinda]

→ '예민해' es la forma contractiva de '예민하다' en que '예민'(nervio) es sustantivo y con el sufijo '-하다' se hace adjetivo.

Te veo nervioso(a).

[떼 베오 네르비오소(사)]

창백해 보인다.

[changbɛk^{h}ɛ boinda]

Te veo pálido(a).

[떼 베오 빨리도(다)]

어디가 안 좋니?

[ədiga an zonni]

¿Te encuentras mal?

[떼 엥꾸엔뜨라스 말]

→ 'encontrar'(만나다)는 재귀화되어 'encontrarse'가 되며 'estar'(-상태이다)처럼 쓰인다.

→ 부사 'mal'(나쁘게)의 형용사형은 'malo'(나쁜)이다.

¿Te sientes mal?

[떼 시엔떼스 말]

→ 'sentir'(느끼다)는 재귀화되어 'sentirse' 가 되며 'estar'(-상태이다)처럼 쓰인다.

어디가 안 좋으십니까? (ustedeo)

[ədiga an zoɨsimnica]

¿Se encuentra mal?

[세 엥꾸엔뜨라 말]

¿Se siente mal?

[세 시엔떼 말]

사실은 …

[sasirɨn]

la verdad es que …

[라 베르단 에스 께]

es que …

[에스 께]

뭐라고 말해야 할 지.

[mwərago maljɛya jalzzi]

뭐라고 말씀드려야 할 지.(ustedeo)

[mwərago malssɨmdɨryəya jalzzi]

¿Cómo diría?

[꼬모 디리아]

바보 소리 마라.

[babo sori mara]

¡No digas tonterías!

[노 디가스 똔떼리아스]

그런 말 마!

[guɨrən mal ma]

¡No me digas!

[노 메 디가스]

그런 말씀 마십시오! (ustedeo)

[guɨrən malssɨm masipssio]

¡No me diga!

[노 메 디가]

축하
[$chuk^{h}a$]

la felicitación
[라 휄리시따시온]

24

축하!
[$chuk^{h}a$]

성탄축하!
[$s\partial ngt^{h}anchuk^{h}a$]

생일축하!
[$s\varepsilon ng\text{-}ilchuk^{h}a$]

기념일 축하!
[$guiny\partial mil\ chuk^{h}a$]

축하해.
[$chuk^{h}aj\varepsilon$]

진심으로 축하합니다. (ustedeo)
[$zinsim\text{ɨ}ro\ chuk^{h}ajamnida$]

너는 그럴 자격있어.
[nənɨn guɨrəl zagyəguissə]

24

¡Felicidades!
[휄리시다데스]

¡Muchas felicidades!
[무차스 휄리시다데스]

¡Enhorabuena!
[엔오라부에나]

¡Feliz Navidad!
[휄리스 나비닫]

¡Feliz cumpleaños!
[휄리스 꿈쁠레아뇨스]

¡Feliz aniversario!
[휄리스 아니베르사리오]

Te felicito.
[떼 휄리시또]

→ 'felicito'는 동사 'felicitar'(축하하다)의 직설법 현재형이다.

Le felicito de todo corazón.
[레 휄리시또 데 또도 꼬라손]

Te lo mereces.
[떼 로 메레세스]

→ 'merecer'(칭찬 등을 받다)는 재귀화되어 'merecerse'가 되며 '칭찬 등을 받을 만하다'는 뜻이 된다.

너무 그러지 마!

[nəmu guɨrəzi ma]

¡No seas exagerado(a)!

[노 세아스 엑사헤라도(다)]

→ 'seas'는 동사 'ser'(-이다)의 접속법 현재로 'tú'에 대한 부정명령형이다.

→ 'exagerado'는 동사 'exagerar'의 과거분사로 여기서는 형용사적 기능을 하므로 여자에게 대해서 말을 한다면 'exagerada'로 한다.

아휴, 그건 과찬이야.

[ajyu guɨgən gwachaniya]

→ '그건' es la forma contractiva de '그것은' en que '그것'(eso) es pronombre y '-은' es la posposición sujetiva.

Hay, ¡qué exagerado(a) eres!

[아이 께 엑사헤라도(다) 에레스]

* 이 문장은 감탄문으로, 주로 쓰이는 감탄문의 형식은 'qué + 형용사 + 동사 +주어'이다. 부사적으로는 'cómo / cuán'을 쓴다 :

¡Qué guapa es la niña!

(얼마나 예쁜 여자 아이인가!)

¡Cómo corre!

(얼마나 달리는지!)

¡Cuán rápido corre!

(얼마나 빨리 달리는지!)

그 정도는 아녜요. (ustedeo)

[guɨ zəngdonɨn anyeyo]

→ '아녜요' es la forma contractiva de '아니예요'.

→ '그'(ese / esa) es la preposición coreana con '이'(este / esta) y '저'(aquel / aquella).

No hay para tanto.

[노 아이 빠라 딴또]

건배!
[gənbɛ]

25

건배!

[gənbɛ]

위하여!

[wijayə]

건강을 위하여!

[gəngang-ɨl wijayə]

평화를 위하여!

[pʰyəngjwarɨl wijayə]

행운을 위하여!

[jɛng-unɨl wijayə]

¡Salud!
[살룯]

25

¡Salud!

[살룯]

¡Chin chin!

[친 친]

¡Brindemos!

[브린데모스]

→ 'brindemos'는 동사 'brindar'(건배하다)의 접속법 현재로 'nosotros'에 대한 명령형이다.

¡Viva!

[비바]

¡Un brindis!

[운 브린디스]

¡A tu salud!

[아 뚜 살룯]

¡Por tu salud!

[뽀르 뚜 살룯]

¡Por la paz!

[뽀르 라 빠스]

¡Enhorabuena!

[에노라부에나]

¡Buena suerte!

[부에나 수에르떼]

잔을 들어 건배합시다. (ustedeo)

[zanɨl dɨrə gənbɛjapssida]

Levantemos las copas para brindar.

[레반떼모스 라스 꼬빠스 빠라 브린다르]

→ 'levantemos'는 동사 'levantar'(올리다) 의 접속법 현재로 'nosotros'에 대한 명령형이다.

당신의 승진을 위해 건배합시다. (ustedeo)

[dangsinɨi sɨngzinɨl wijɛ gənbɛjapssida]

→ '합시다' es el imperativo para nosotros del sufijo '-하다' que hace el sustantivo '건배'(brindis) al verbo.

Hagamos un brindis por su elevación.

[아가모스 움 브린디스 뽀르 수 엘레바시온]

→ 'hagamos'는 동사 'hacer'(만들다)의 접속법 현재로 'nosotros'에 대한 명령형이다.

추측의 표현
[chuchɨguɨi p^hyojyən]

la expresión de suponer
[라 에스쁘레시온 데 수뽀네르]

26

글쎄

[guɨlsse]

어쩌면

[əzzəmyən]

그런 것 같아?

[guɨrən gət gat^ha]

* '것'(lo) es el sustantivo pendiente que no tiene sentido uno solo y sustantiva el verbo, el adjetvo, o el adverbio inclusive la oración. A veces se utiliza como el imperativo cuando quiere terminar la palabra simplemente :
 먹을 것은 있니?
 (¿Tienes algo que comer?)

26

¡Quizá!

[끼사]

¡Acaso!

[아까소]

¡Por si acaso!

[뽀르 시 아까소]

¡Tal vez!

[딸 베스]

¡Probablemente!

[쁘로바블레멘떼]

A lo mejor

[아 로 메호르]

¿Te lo imaginas?

[떼 로 이마히나스]

그가 부지런하다는 것은 거짓말이다.
(Es mentira que él es diligente.)
공부할 것!
(¡A estudiar!)

그래, 그럴 것 같아.
[guɨrɛ guɨrəl cət gatʰa]

Sí, me lo imagino.
[시 메 로 이마히노]
→ 'imagino'는 동사 'imaginar'(상상하다)의 직설법 현재이며 여기서는 'imaginarse'로 재귀화된 것이다.

보면 알겠지.
[bomyən alguetzzi]
그럴 수 있지.
[guɨrəl ssu itzzi]
* '그럴' en que '그런' es la preposicion coreana y '-ㄹ' es el sufijo de probabilidad.

Ya veremos.
[야 베레모스]
Es posible.
[에스 뽀시블레]
Posiblemente.
[뽀시블레멘떼]
Puede ser.
[뿌에데 세르]
Supongo.
[수뽕고]
→ 'supongo'는 동사 'suponer'(가정하다) 의 직설법 현재이다.

추측컨대
[chuchɨkkʰəndɛ]
→ '추측컨데' es la forma contractiva de '추측하건데' en que '추측'(suposición) es sustantivo y con el sufijo '-하다' se hace verbo y el sufijo '-건대' tiene sentido confirmativo o supositivo.

주의를 환기할 때
[zuɨirɨl jwanguijal tɛ]

para llamar la atención
[빠라 야마르 라 아뗀시온]

27

여보세요!

[yəboseyo]

이봐요! (ustedeo)

[ibwayo]

* '이봐요' es el ustedeo de la interjectiva de '이봐'.

이봐!

[ibwa]

어디 보자.

[ədi boza]

→ '어디'(a ver) es adverbio.

→ '보자' es el imperativo del verbo '보다'(ver) y el ustedeo es '봅시다'.

27

¡Oiga!

[오이가]

→ 'oiga'는 동사 'oír'(듣다) 의 접속법 현재로 'usted'에 대한 명령형이다.

¡Mire!

[미레]

→ 'mire'는 동사 'mirar'(보다) 의 접속법 현재로 'usted'에 대한 명령형이다.

¡Oye!

[오예]

→ 'oye'는 동사 'oír'(듣다) 의 'tú'에 대한 명령형이다.

¡Mira!

[미라]

→ 'mira'는 동사 'mirar'(보다) 의 'tú'에 대한 명령형이다.

¡A ver!

[아 베르]

뭐?

[mwə]

¿Qué?

[께]

¿Cómo?

[꼬모]

¿Perdón?

[뻬르돈]

이 사람이!

[i sarami]

¡Hombre!

[옴브레]

좋아!

[zoa]

¡Bueno!

[부에노]

¡Bien!

[비엔]

조심해!

[zosimjɛ]

¡Cuidado!

[꾸이다도]

안 보여?

[an boyə]

¡No ves!

[노 베스]

다시!

[dasi]

¡Otra vez!

[오뜨라 베스]

뭐야!

[mwəya]

¡Vaya!

[바야]

그게 다야?

[guɨgue daya]

→ '다'(todo) es adverbio.

¿Eso es todo?

[에소 에스 또도]

양해
[yangjɛ]

el consentimiento
[엘 꼰센띠미엔또]

28

괜찮겠어요? (ustedeo)

[gwɛnchank^hessəyo]

물론이죠. (ustedeo)

[mulronizyo]

28

¿Puedo?

[뿌에도]

¿Se puede?

[세 뿌에데]

¿Me permite?

[메 뻬르미떼]

Permítame.

[뻬르미따메]

Con permiso.

[꼼 뻬르미소]

¿Le(Te) parece?

[레(떼) 빠레세]

* 이 때 상대방이 나이가 어리거나 하면 'te'를 사용한다.

¿Le(Te) parece bien?

[레(떼) 빠레세 비엔]

¿Le(Te) molesta?

[레(떼) 몰레스따]

→ 'molesta'는 동사 'molestar'(괴롭히다) 의 직설법 현재이다.

Claro que sí.

[끌라로 께 시]

Sí que puede.

[시 께 뿌에데]

Claro que puede.

[끌라로 께 뿌에데]

Naturalmente que sí.

[나뚜랄멘떼 께 시]

Sí, hombre, sí.

[시 옴브레 시]

왜 안되겠어요! (ustedeo)

[wɛ andøguessəyo]

* '왜'(por qué) es adverbio.

¿Cómo no?

[꼬모 노]

¿Por qué no?

[뽀르 께 노]

괜찮아요. (ustedeo)

[gwɛnchanayo]

No me molesta.

[노 메 몰레스따]

No me importa.

[노 메 임뽀르따]

→ 'importa'는 동사 'importar'(중요하다) 의 직설법 현재이다.

안 됩니다. (ustedeo)

[an dømnida]

→ '됩니다' es el ustedeo del presente del verbo '되다'(se puede / hacerse).

¡No, no!

[노 노]

¡Imposible!

[임뽀시블레]

절대로 안 됩니다. (ustedeo)

[zəltɛro an dømnida]

De ninguna manera.

[데 닝구나 마네라]

Absolutamente que no.

[압솔루따멘떼 께 노]

허락할 수 없다.

[jərak^{h}al ssu əpta]

No te lo permito.

[노 떼 로 뻬르미또]

→ 'permito'는 동사 'permitir'(허락하다)의 직설법 현재이다.

Te lo prohibo.

[떼 로 쁘로이보]

→ 'prohibo'는 동사 'prohibir'(금지하다)의 직설법 현재이다.

괜찮지 않아요. (ustedeo)

[gwɛnchanchi anayo]

Sí, me molesta.

[시 메 몰레스따]

Desde luego que me importa.

[데스데 루에고 께 메 임뽀르따]

29

됐어!

[dwɛssə]

→ '됐어' es el ustedeo del pasado del verbo '되다'(se puede / hacerse).

조용히 해!

[zoyongji jɛ]

29

¡Basta!

[바스따]

¡Cállate!

[까야떼]

→ 'cállate'는 동사 'callarse'(잠자코 있다) 의 'tú'에 대한 명령형이다 :

Cállese.(당신, 조용히 하시오.)

Cállense.(당신들, 조용히 하시오.)

Callaos.(너희들, 조용히 해.)

Callémonos. / Vamos a callarnos.

(조용히 합시다.)

* 여기서 동사 'callar'를 '너희들'에 대한 명령으로 바꾸면 'callad'가 되고 여기에 재귀대명사 'os'를 붙이면 'callad-os'가 되는데 이 'callados'는 과거분사와 구별이 안되므로 '-d'를 빼고 'callaos'로 쓴다. 마찬가지로 '우리들'에 대한 명령으로 바꾸면 접속법을 사용하여 'callemos'가 되고 여기에 재귀대명사 'nos'를 붙이면 'callemos-nos'가 되는데 중간의 '-s'를 빼고 'callemonos'로

화난다.

[jwananda]

→ '화난다' es del verbo '화나다' con la desinencia terminativa '-ㄴ다'.

화나네!

[jwanane]

→ '-네' es la desinencia terminativa.

기분 나쁘다.

[guibun napɨda]

→ '나쁘다'(malo) es adjetivo.

기분 나빠.

[guibun napa]

→ '나빠' es del adjetivo '나쁘다'(malo)

만든다. 이 때 원래 동사의 강세가 'callemos'인데 재귀대명사가 붙으면 'callemonos'가 되므로 원래의 강세 자리에 강세부호를 붙여 'callémonos'가 된 것이다.

Estoy indignado(a).

[에스또이 인디그나도(다)]

→ 'indignado'는 동사 'indignar(화나게 만들다) / indignarse(화나다)' 의 과거분사형이다.

Estoy enfadado(a).

[에스또이 엔화다도(다)]

→ 'entadado'는 동사 'enfadar(화나게 만들다) / enfadararse(화나다)' 의 과거분사형이다.

Estoy irritado(a).

[에스또이 이ㄹ리따도(다)]

→ 'irritado'는 동사 'irritar(화나게 만들다) / indignarse(화나다)' 의 과거분사형이다.

¡Qué fastidio!

[께 화스띠디오]

Me fastidia.

[메 화스띠디아]

Me molesta.

[메 몰레스따]

con la desinencia teminativa '-아'.

진짜 화나네!

[zinzza jwanane]

* '진짜'(verdad) es sustantivo y se hace adverbio con el sufijo '-로' y el sinónimo es '정말' y su antónimo es '가짜'(falsedad).

¡Qué rabia!

[께 ㄹ라비아]

나 좀 놔둬.

[na zom nwa dwə]

→ '놔둬' es la forma contractiva de '놓아두어' del verbo '놓아두다'(dejar).

¡Déjame en paz!

[데하메 엔 빠스]

지겹다.

[zigyəpta]

* '지겹다'(aburrido / fastidioso) es adjetivo.

Estoy harto(a).

[에스또이 아르또(따)]

열받게 하지 마.

[yəlbatque jazi ma]

→ '열나다'(tener fiebre / estar irritado) es el verbo correcto, pero se usa '열받다' muy en general cambiando la desinencia '-나다'(ocurrir / producirse) por '- 받다'(recibir).

No me calientes.

[노 메 깔리엔떼스]

→ 'calientes'는 동사 'calentar'(데우다)의 'tú'에 대한 부정명령형이다 :

화가 치민다.

[jwaga chiminda]

→ '치'(hacia arriba) es el prefijo que se pone en algunos verbos y '민다' es del verbo '밀다'(empujar) con la desinencia terminativa '-ㄴ다'.

화가 머리까지 난다.

[jwaga məricazi nanda]

* '머리' es la cabeza y '-까지'(hasta) es posposición.

Estoy en las narices.

[에스또이 엔 라스 나리세스]

* 'la nariz'는 '코'이다.

더 이상 참을 수 없어.

[də isang chamɨl ssu əpssə]

No puedo soportarlo más.

[노 뿌에도 소뽀르따를로 마스]

참!

[cham]

* Es interjección.

¡Jo!

[호]

기가 막혀!

[guiga $mak^{h}yə$]

* '기' es energía(no es fácil de definirlo exactamente, pero es la noción muy importante en el Oriente) y '막히다' es la forma pasiva del verbo '막다'(impedir). Sus modismos son :

기가 차다(quedarse estupefacto)

기가 나다(engreírse)

기가 죽다 / 기가 꺽이다(deprimirse)

기가 등등하다(estar imponente)

기가 질리다(estar pasmado)

기를 펴다(aliviarse)

기를 쓰다(esforzarse con toda fuerza)

나는 슬프다.

[nanɨn sɨlp^{h}ɨda]

이런 고통이!

[irən got^{h}ong-i]

이런 불운이!

[irən buruni]

불행하게도!

[buljɛngjaguedo]

기분 나쁘다.

[guibun napɨda]

Estoy triste.

[에스또이 뜨리스떼]

¡Qué pena!

[께 뻬나]

¡Qué dolor!

[께 돌로르]

¡Qué lástima!

[께 라스띠마]

¡Qué angustia!

[께 안구스띠아]

¡Qué mal!

[께 말]

¡Qué desgracia!

[께 데스그라시아]

¡Por desgracia!

[뽀르 데스그라시아]

Desgraciadamente

[데스그라시아다멘떼]

Lamentablemente

[라멘따블레멘떼]

Estoy de mal humor.

[에스또이 데 말 우모르]

절망적이다.

[zəlmangzəguida]

* '절망'(desesperanza) es sustantivo y '-적' es el sufijo que tiene sentido de 'tener la calidad de'.

재수없어.

[zɛsuəpssə]

* '재수'(suerte) es sustantivo y '없어' es del adjetivo '없다'(no hay / no tener) con la desinencia terminativa '-어'.

이럴 수가!

[irəl ssuga]

하나님 맙소사!

[jananim mapssosa]

젠장

[zenzang]

* Es interjección.

* 반대 표현은 'estoy de buen humor'이다.

Estoy deprimido(a).

[에스또이 데쁘리미도(다)]

Estoy decepcionado(a).

[에스또이 데셉시오나도(다)]

Estoy desesperado(a).

[에스또이 데세스뻬라도(다)]

¡Qué desastre!

[께 데사스뜨레]

¡Qué mala suerte!

[께 말라 수에르떼]

¡Qué mala pata!

[께 말라 빠따]

¡Qué lata!

[께 라따]

¡Qué rollo!

[께 ㄹ로요]

¡Qué barbaridad!

[께 바르바리닫]

¡Dios mío!

[디오스 미오]

¡Por Dios!

[뽀르 디오스]

¡Vaya!

[바야]

→ 'vaya'는 동사 'ir'(가다) 의 접속법

현재이나 여기서는 감탄사로 쓰인 것이다.

내 팔자야!

[nɛ pʰalzzaya]

* '내' es la forma contractiva de '나의'(mi).

¡Pobre de mí!

[뽀브레 데 미]

그나마 다행이네!

[guɨnama dajɛng-ine]

* '그나마'(aun) es adverbio.

¡Menos mal!

[메노스 말]

최소한

[chøsojan]

por lo menos

[뽀르 로 메노스]

como mínimo

[꼬모 미니모]

al menos

[알 메노스]

이제 나아졌어요. (ustedeo)

[ize naazyəssəyo]

→ '나아졌어요' es el pasado del verbo '나아지다'(estar mejor).

Ahora ya me siento mejor.

[아오라 야 메 시엔또 메호르]

이제 안정될거야.

[ize anzəngdølcəya]

→ '안정'(tranquilidad) es sustantivo y '되다' es el sufijo que hace el sustantivo o el adverbio al adjetivo.

Ya puedes sentirte tranquilo(a).

[야 뿌에데스 센띠르떼 뜨랑낄로(라)]

안정!

[anzəng]

진정해!

[zinzəngjɛ]

→ '진정해' es el imperativo del verbo '진정하다'(tranquilizarse) en que '진정'(tranquilidad) es sustantivo y se hace verbo con el sufijo '-하다' que hace algunos sustantivos al verbo

진정하세요! (ustedeo)

[zinzəngjaseyo]

¡Tranquilo(a)!

[뜨랑낄로(라)]

* 'tranquilo'(조용한)는 형용사이고 동사는 'tranquilizarse'이다.

¡Calma!

[깔마]

* 'calma'(평온 / 안정)는 명사이고 동사는 'calmarse'이다.

¡Tranquilízate!

[뜨랑낄리사떼]

→ 'tranquilízate'는 동사 'tranquilizarse'(진정하다) 의 'tú'에 대한 명령형이다.

¡Cálmate!

[깔마떼]

→ 'cálmate'는 동사 'calmarse'(진정하다) 의 'tú'에 대한 명령형이다.

¡Relájate!

[ㄹ렐라하떼]

→ 'relájate'는 동사 'relajarse'(진정하다) 의 'tú'에 대한 명령형이다.

¡Tranquilícese!

[뜨랑낄리세세]

→ 'tranquilícese'는 동사 'tranquilizarse'(진정하다)의 'usted'에 대한 명령형이다.

힘!

[jim]

힘내!

[jimnɛ]

→ '힘내' es el imperativo del verbo '힘내다'(animarse).

힘내세요! (ustedeo)

[jimnɛseyo]

걱정하지 마.

[gəkzzəngjazi ma]

→ '걱정하지 마' en que es la forma compuesta entre '걱정하지' y '마'. Primero es el verbo '걱정하다'(preocuparse) en que '걱정' es sustantivo haciéndose verbo con el sufijo '-하다' y '마' es el imperativo del verbo auxiliar.

¡Cálmese!

[깔메세]

→ 'cálmese'는 동사 'calmarse'(진정하다) 의 'usted'에 대한 명령형이다.

¡Relájese!

[ㄹ렐라헤세]

→ 'relájese'는 동사 'relajarse'(진정하다) 의 'usted'에 대한 명령형이다.

¡Ánimo!

[아니모]

¡Anímate!

[아니마떼]

→ 'anímate'는 동사 'animarse'(힘내다) 의 'tú'에 대한 명령형이다.

¡Anímese!

[아니메세]

→ 'anímese'는 동사 'animarse'(힘내다) 의 'usted'에 대한 명령형이다.

No te preocupes.

[노 떼 쁘레오꾸뻬스]

→ 동사 'preocuparse'(걱정하다)의 'tú'에 대한 부정명령형이다.

→ '말다'(dejar), del cual se deriva la forma imperativa '말아라' y se contrae a '마라' y luego a '마'. Pero se puede usar cualquier forma contractiva.

별일 아냐.

[byəlril anya]

* '별'(particular) es prefijo.
* '일'(cosa / asunto / trabajo) es sustantivo.

No pasa nada.

[노 빠사 나다]

→ 'pasa'는 동사 'pasar'(일이 발생하다)의 직설법 현재형이다.

신경쓰지 마.

[singyəngssɨzi ma]

→ '쓰다'(gastar / tapar) es verbo y '신경'(nervio) es sustantivo, así que '신경' es el objeto del verbo '쓰다'. En tal caso se necesita la posposición acusativa '-을 / -를', pero no sale en esta oración, lo que es un fenómeno general en una palabra compuesta entre el sustantivo y el verbo.

No te pongas nervioso(a).

[노 떼 뽕가스 네르비오소(사)]

→ 동사 'ponerse'(-하게 되다)의 'tú'에 대한 부정명령형이다.

감정을 추슬러 봐.

[gamzəng-ɨl chusɨlrə bwa]

→ '추슬러' es del verbo '추스르다'(arreglar) con la desinencia descriptiva '-어'.

Controla tus emociones.

[꼰뜨롤라 뚜스 에모시오네스]

→ 동사 'controlar'(조절하다)의 'tú'에 대한 명령형이다.

→ '봐' es la forma imperativa del verbo auxiliar '보다'(intentar).

놀라지 마.
[nolrazi ma]
→ '놀라다'(sorprenderse) es verbo.

No te asustes.
[노 떼 아수스떼스]
→ 동사 'asustarse'(놀라다)의 'tú'에 대한 부정명령형이다.

하나님이 도우실거야.
[jananimi dousilcəya]
→ '돕다' es verbo y se conjuega irregularmente como '도우니 / 도와서' etc.. '시' es la desinencia de hacer el verbo de ustedeo y 'ㄹ거야' es la desinencia del tiempo futuro.

Dios te ayudará.
[디오스 떼 아유다라]
→ 동사 'ayuar'(돕다)의 직설법 미래형이다.

좋은 면을 보도록 해.
[zoɨn myənɨl bodorokʰɛ]
* '면'(parte) es sustantivo.

Trata de ver el buen lado de las cosas.
[뜨라따 데 베르 엘 부엔 라도 데 라스 꼬사스]
→ 동사 'tratar'(다루다)가 'tratar de inf.'가 되면 '-하도록 시도하다'가 된다.
* 'bueno'(좋은)는 남성단수명사 앞에서 어미 '-o'가 탈락된다.

희망을 잃지 마.
[jimang-ɨl ilchi ma]
→ '잃다'(perder) es verbo.

No pierdas las esperanzas.
[노 삐에르다스 라스 에스뻬란사스]
→ 동사 'perder'(잃다)의 'tú'에 대한 부정명령형이다.

정말 기쁘다.

[zəngmal guipɨda]

¡Qué alegría!

[께 알레그리아]

¡Qué placer!

[께 쁠라세르]

¡Qué bien!

[께 비엔]

나는 기쁘다.

[nanɨn guipɨda]

Estoy alegre.

[에스또이 알레그레]

나는 만족한다.

[nanɨn manzok^{h}anda]

Estoy contento(a).

[에스또이 꼰뗀또(따)]

→ '만족한다' es el descriptivo del verbo '만족하다'(estar contento) en que '만족'(contentamiento) es sustantivo y se hace verbo con el sufijo '-하다' que hace algunos sustantivos al verbo.

기뻐서 미치겠다.

[guipəsə michiguetta]

Estoy loco(a) de alegría.

[에스또이 로꼬(까) 데 알레그리아]

Me vuelvo loco(a) por alegría.

[메 부엘보 로꼬(까) 뽀르 알레그리아]

→ '미치겠다' en que '미치다'(volverse loco) es verbo con la desinencia de conjeturar '-겠' y de terminación '-다'.

→ 동사 'volver'(돌아오다)가 'volverse'가 되면 '-한 상태가 되다'가 된다.

정말이야?

[zəngmariya]

¿De verdad?

[데 베르닫]

¿De veras?

[데 베라스]

놀랍다.

[nolrapta]

→ '놀랍다' es adjetivo predicativo que se conjuega irregularmente como '놀라우니 / 놀라워서' etc..

Es sorprendente.

[에스 소르쁘렌뗀떼]

¡Qué sorpresa!

[께 소르쁘레사]

믿을 수가 없군.

[midɨl ssuga əpcun]

¡No me lo puedo creer!

[노 메 로 뿌에도 끄레에르]

* 동사 'creer'(믿다)는 재귀화하여 'creerse'(자기 자신을 믿다)가 되며 'lo'는 '그 사실'을 받는 대명사이다.

그런 말 마.

[guɨrən mal ma]

¡No me digas!

[노 메 디가스]

→ 동사 'decir'(말하다)의 'tú'에 대한 부정명령형이다.

진심이야?

[zinsimiya]

¿Hablas en serio?

[아블라스 엔 세리오]

¿Lo dices en serio?

[로 디세스 엔 세리오]

입을 못 다물겠다.

[ibɨl mottamulguetta]

→ '다물다'(cerrar) es verbo.

Me dejas boquiabierto(a).

[메 데하스 보끼아비에르또(따)]

* 'boca'는 '입'이고 'abierto'는 '열린'이란 뜻의 형용사로 이 둘이 합쳐진 형용사이다.

Me has dejado con la boca abierta.

[메 아스 데하도 꼰 라 보까 아비에르따]

무섭다.

[musəpta]

* '무섭다'(miedoso) es adjetivo.

나는 무섭다.

[nanɨn musəpta]

무서워 죽겠다.

[musəwə zukguetta]

→ '죽겠다' en que '죽다'(morir) es verbo con la desinencia de conjeturar '-겠' y de terminación '-다'.

→ 'has dejado'는 동사 'dejar'(놔두다)의 직설법 현재완료형이다.

¡Qué miedo!

[께 미에도]

¡Qué horror!

[께 오르로르]

¡Qué pánico!

[께 빠니꼬]

¡Qué susto!

[께 수스또]

Tengo miedo.

[뗑고 미에도]

Estoy asustado(a).

[에스또이 아수스따도(다)]

Estoy muerto(a) de miedo.

[에스또이 무에르또(따) 데 미에도]

명령
[myəngnyəng]

30

해주세요! (ustedeo)

[jɛzuseyo]

의무입니까? (ustedeo)

[ɨimuimnica]

해야 합니까? (ustedeo)

[jɛyajamnica]

내가 해야 합니까? (ustedeo)

[nɛga jɛyajamnica]

해라!

[jɛra]

하십시오! (ustedeo)

[jasipssio]

할 거지?

[jal cəzi]

할 거니 말 거니?

[jal cəni mal cəni]

el mandato
[엘 만다또]

30

¡Por favor!

[뽀르 화보르]

¿Es obligatorio?

[에스 오블리가또리오]

¿Hay que hacerlo?

[아이 께 아세를로]

¿Es mi obligación?

[에스 미 오블리가시온]

¿Es mi deber?

[에스 미 데베르]

¿Tengo que hacerlo?

[뗑고 께 아세를로]

¿Debo hacerlo?

[데보 아세를로]

Hazlo.

[아슬로]

Hágalo.

[아갈로]

¿Lo harás?

[로 아라스]

¿Lo harás o no lo harás?

[로 아라스 오 노 로 아라스]

다른 선택이 없다.
[darɨn sənt^{h}ɛgui əpta]

No tienes otra opción.
[노 띠에네스 오뜨라 옵시온]

다른 가능성이 없다.
[darɨn ganɨngssəng-i əpta]

No tienes otra posibilidad.
[노 띠에네스 오뜨라 뽀시빌리닫]

다른 방법이 없다.
[darɨn bangbəbi əpta]

No tienes otro remedio.
[노 띠에네스 오뜨로 ㄹ레메디오]

하는 것이 좋을 걸.
[janɨn gəsi zoɨlcəl]

Es mejor que lo hagas.
[에스 메호르 께 로 아가스]

계속해.
[gyesok^{h}ɛ]

¡Sigue!
[시게]
¡Continua!
[꼰띠누아]
¡No pares!
[노 빠레스]

계속하세요. (ustedeo)
[gyesok^{h}aseyo]

¡Siga!
[시가]
¡Continue!
[꼰띠누에]
¡No pare!
[노 빠레]

자, 자.
[za za]

¡Vamos!
[바모스]
¡Anda!
[안다]
¡Venga!
[벵가]

¡Vayamos!

[바야모스]

시도해 봐.

[sidojɛbwa]

¡Inténtalo!

[인뗀딸로]

¡Convéncete!

[꼼벤세떼]

그것을 하라고 명령한다.

[guɨgəsɨl jarago myəngnyəngjanda]

Te ordeno que lo hagas.

[떼 오르데노 께 로 아가스]

Te mando que lo hagas.

[떼 만도 께 로 아가스]

Te digo que lo hagas.

[떼 디고 께 로 아가스]

그것을 하지 마라.

[guɨgəsɨl jazi mara]

No lo hagas.

[노 로 아가스]

그것을 해서는 안 된다.

[guɨgəsɨl jɛsənɨn andønda]

No tienes que hacerlo.

[노 띠에네스 께 아세를로]

No debes hacerlo.

[노 데베스 아세를로]

너는 그것을 할 의무가 없다.

[nənɨn guɨgəsɨl jal ɨimuga əpta]

No es obligatorio que lo hagas.

[노 에스 오블리가또리오 께 로 아가스]

네가 그것을 할 필요는 없다.

[nega guɨgəsɨl jal p^{h}iryonɨn əpta]

No es necesario que lo hagas.

[노 에스 네세사리오 께 로 아가스]

강요하지 마세요. (ustedeo)

[gang-yojazi maseyo]

No lo insista.

[노 로 인시스따]

Cap. 3

제 3 장

대화와 단어

el diálogo y el vocablo

이것은 무엇입니까?
[igəsɨn muəsimnica]

¿Qué es esto?
[께 에스 에스또]

31

그것은 책입니다.

[guɨgəsɨn chɛguimnida]

그것은 무엇입니까?

[guɨgəsɨn muəsimnica]

이것은 공책입니다.

[igəsɨn gongchɛguimnida]

저것은 무엇입니까?

[zəgəsɨn muəsimnica]

저것은 컴퓨터입니다.

[zəgəsɨn kʰəmpʰyutʰəimnida]

이것은 무엇이니?

[igəsɨn muəsini]

그것은 책상이야.

[guɨgəsɨn chɛkssang-iya]

그것은 무엇이니?

[guɨgəsɨn muəsini]

이것은 의자야.

[igəsɨn ɨizaya]

* '-입니까?' es el ustedeo de '-이니?'
* '-입니다.' es el ustedeo de '-이다.'
* '-야' es la forma contractiva de '-이야'.

31

Eso es un libro.

[에소 에스 운 리브로]

¿Qué es eso?

[께 에스 에소]

Esto es un cuaderno.

[에스또 에스 웅 꾸아데르노]

¿Qué es aquello?

[께 에스 아께요]

Aquello es un ordenador.

[아께요 에스 운 오르데나도르]

¿Qué es esto?

[께 에스 에스또]

Eso es una mesa.

[에소 에스 우나 메사]

¿Qué es eso?

[께 에스 에소]

Esto es una silla.

[에스또 에스 우나 시야]

* 'esto', 'eso', 'aquello'는 모르는 것을 지시할 때 사용하므로 항상 한 가지 형태로 쓴다.
* 'qué'는 의문형용사로도 사용된다 : qué libro / qué libros(무슨 책 / 책들)

단어[danə]	El vocablo[엘 보까블로]
책 [chɛk]	el libro [엘 리브로]
볼펜 [bolp^hen]	el bolígrafo [엘 볼리그라호]
펜 [p^hen]	el pluma [엘 쁠루마]
책상 [chɛkssang]	el escritorio [엘 에스끄리또리오]
서재 [səzɛ]	el despacho [엘 데스빠초]
판 [p^han]	la tabla [라 따블라]
가구 [gagu]	el mueble [엘 무에블레]
팔걸이 의자 [p^halgəri ɨiza]	el sillón [엘 시욘]
소파 [sop^ha]	el sofá [엘 소화]
팔걸이 안락의자 [p^halgəri alraguɨiza]	la butaca [라 부따까]
거울 [gəul]	el espejo [엘 에스뻬호]
전화기 [zənjwagui]	el teléfono [엘 뗄레호노]
옷걸이 [otcəri]	el perchero [엘 뻬르체로]
컴퓨터 [k^həmp^hyut^hə]	la computadora [라 꼼뿌따도라]
프린터 [p^hɨrint^hə]	la impresora [라 임쁘레소라]
모니터 [monit^hə]	el monitor [엘 모니또르]
화면 [jwamyən]	la pantalla [라 빤따야]
자판 [zap^han]	el teclado [엘 떼끌라도]
마우스 [mausɨ]	el ratón [엘 ㄹ라똔]
스캐너 [sɨk^henə]	el escáner [엘 에스까네르]
디스켓 [disɨk^het]	el disquete [엘 디스께떼]
키 [k^hi]	la tecla [라 떼끌라]
코드 [k^hodɨ]	el enchufe [엘 엔추훼]
스위치 [sɨwichi]	el interruptor [엘 인떼ㄹ룹또르]
노트북 [not^hɨbuk]	el laptop [엘 랍똡]

그는 무엇을 하는 사람입니까?
[guɨnɨn muəsɨl janɨn saramimnica]

32

그는 교수입니다.

[guɨnɨn gyosuimnida]

그녀는 무엇을 하는 사람입니까?

[guɨnyənɨn muəsɨl janɨn saramimnica]

그녀도 교수입니다.

[guɨnyədo gyosuimnida]

너는 무얼 하니?

[nənɨn muəljani]

저는 학생입니다.

[zənɨn jakssɛng-imnida]

* '-하십니까? / -합니까?' es el ustedeo de '-하니?'. Se puede decir '그는 무엇을 합니까?' en vez de '그는 무엇을 하는 사람입니까?', Si quiere expresar mayor respeto al que alude puede decirse '그 분은' o '그 분께서는' en vez de '그는'.
* Si quiere decir 'también Suni' la posposición sujetiva se cambia de '-는 / -은 / -이 / -가' al '-도 / -이도'.
* '무얼' es la forma contractiva de '무엇을'.

¿Qué es él?
[께 에스 엘]

32

Él es profesor.

[엘 에스 뽀로훼소르]

¿Qué es ella?

[께 에스 에야]

Ella es profesora también.

[에야 에스 뽀로훼소라 땀비엔]

¿Qué eres?

[께 에레스]

Soy estudiante.

[소이 에스뚜디안떼]

* 남성은 'profesor'이고 여성은 'profesora'이다. 또한 남성복수는 'profesores'이고 여성복수는 'profesoras'이다. 이렇게 스페인어 명사에는 남성과 여성, 단수와 복수가 있다. 따라서 스페인어 단어를 외울 때는 특정관사와 함께 외우는 것이 바람직하다. 또한 단수와 복수에서 형태가 달라지는 것들도 있으므로 이런 것들에 유의하는 것도 필요하다. 예를 들어 'agua'(물)는 여성명사이나 단수에서 'el agua'가 된다.

단어[danə]	El vocablo[엘 보까블로]
학생 [jakssɛng]	el / la estudiante [엘 / 라 에스뚜디안떼]
선생님 [sənsɛngnim]	el maestro / la maestra [엘 마에스뜨로 / 라 마에스뜨라]
변호사 [byənjosa]	el abogado / la abogada [엘 아보가도 / 라 아보가다]
사장 [sazang]	el presidente / la presidenta [엘 쁘레시덴떼 / 라 쁘레시덴따]
직원 [zigwən]	el empleado / la empleada [엘 엠쁠레아도 / 라 엠쁠레아다]
노동자 [nodongza]	el obrero / la obrera [엘 오브레로 / 라 오브레라]
기술자 [guisulzza]	el técnico / la técnica [엘 떼끄니꼬 / 라 떼끄니까]
박사 [bakssa]	el doctor / la doctora [엘 독또르 / 라 독또라]
왕 [wang]	el rey [엘 ㄹ레이]
여왕 [yəwang]	la reina [라 ㄹ레이나]
황제 [jwangze]	el emperador [엘 엠뻬라도르]
황후 [jwangju]	la emperatriz [라 엠뻬라뜨리스]
영웅 [yəng-ung]	el héroe / la heroína [엘 에로에 / 라 에로이나]
시인 [si-in]	el poeta / la poetisa [엘 뽀에따 / 라 뽀에띠사]
소설가 [sosəlga]	el / la novelista [엘 / 라 노벨리스따]
예술가 [yesulga]	el / la artista [엘 / 라 아르띠스따]

당신은 의사이십니까?
[dangsinɨn ɨisaisimnica]

33

예, 저는 의사입니다. 그런데 당신은요?

[ye zənɨn ɨisaimnida guɨrənde dangsinɨnyo]

저는 요리사입니다.

[zənɨn yorisaimnida]

순이는 가수입니까?

[suninɨn gasuimnica]

아니요, 순이는 가수가 아닙니다.

[aniyo suninɨn gasuga animnida]

그러면, 민이가 가수입니까?

[guɨrəmyən miniga gasuimnica]

아니요, 민이도 가수가 아닙니다.

[aniyo minido gasuga animnida]

그럼 어느 분이 가수이십니까?

[guɨrəm ənɨ buni gasuisimnica]

접니다.

[zəmnida]

* Si quiere decir 'tampoco Mini' la posposición sujetiva se cambia de '-는 / -은 / -이 / -가' al '-도 / -이도'.
* '분' es el ustedeo de '사람'(persona).

¿Es usted médico?
[에스 우스뗀 메디꼬]

33

Sí, soy médico. Y usted?

[시 소이 메디꼬 이 우스뗀]

Soy cocinero.

[소이 꼬시네로]

¿Es Suni cantante?

[에스 수니 깐딴떼]

No, Suni no es cantante.

[노 수니 노 에스 깐딴떼]

Y ¿es Mini cantante?

[이 에스 미니 깐딴떼]

No, Mini no es cantente tampoco.

[노 미니 노 에스 깐딴떼 땀뽀꼬]

Entonces, ¿quién es cantante?

[엔똔세스 끼엔 에스 깐딴떼]

Soy yo.

[소이 요]

* 'tampoco'가 문장 처음에 나오면 'no'를 쓰지 않는다 :

  No, tampoco Mini es cantante.
* 'entonces'(그러면)는 간투사이며 명사로 쓰이면 '당시'라는 뜻이 된다.

단어[danə]	El vocablo[**엘 보까블로**]
기자 [guiza]	el / la periodista [엘 / 라 빼리오디스따]
간호사 [ganjosa]	el enfermero / la enfermera [엘 엔훼르메로 / 라 엔훼르메라]
의사 [ɨisa]	el médico / la médica [엘 메디꼬 / 라 메디까]
요리사 [yorisa]	el cocinero / la cocinera [엘 꼬시네로 / 라 꼬시네라]
가수 [gasu]	el / la cantante [엘/라 깐딴떼]
배우 [bɛu]	el actor / la actriz [엘 악또르 / 라 악뜨리스]
피아니스트 [p^hianisɨt^hɨ]	el / la pianista [엘 / 라 삐아니스따]
운동선수 [undongsənsu]	el / la deportista [엘 / 라 데뽀르띠스따]
통역사 [t^hong-yəkssa]	el / la intérprete [엘 / 라 인떼르쁘레떼]
디자이너 [dizainə]	el diseñador / la diseñadora [엘 디세냐도르 / 라 디세냐도라]
주인 [zuin]	el dueño / la dueña [엘 두에뇨 / 라 두에냐]
손님 [sonnim]	el / la cliente [엘 / 라 끌리엔떼]
하숙생 [jasukssɛng]	el huésped / la huéspeda [엘 우에스뻰 / 라 우에스뻬다]
은행원 [ɨnjɛng-wən]	el bancario / la bancaria [엘 방까리오 / 라 방까리아]
은행가 [ɨnjɛngga]	el banquero / la banquera [엘 방께로 / 라 방께라]

누구십니까?
[nugusimnica]

34

접니다.

[zəmnida]

어느 분이 김순이 씨입니까?

[ənɨbuni guimsuni ssiimnica]

제가 김순이입니다.

[zega guimsuniimnida]

그들은 누구입니까?

[guɨdɨrɨn nugu-imnica]

그들은 김이순과 김민이입니다.

[guɨdɨrɨn guimisungwa guimminiimnida]

* '누구니?' es la forma contractiva de '누구이니?', y '누굽니까?' es la forma contractiva de '누구입니까?'.
* '누구예요?' es la forma contractiva de '누구이에요?' y '누구십니까?' es la forma contractiva de '누구이십니까?'.
* '접니다.' es la forma contractiva de '저입니다.'.
* '어느'(cuál) es la preposición coreana.
* '-와 / -과'(y) es posposición.

¿Quién es?
[끼엔 에스]

34

Soy yo.

[소이 요]

¿Quién es la señorita Suni Kim?

[끼엔 에스 라 세뇨리따 수니 김]

Soy Suni Kim.

[소이 수니 김]

¿Quiénes son ellos?

[끼에네스 손 에요스]

Son Isun Kim y Mini Kim.

[손 이순 김 이 미니 김]

* 'quién'의 복수는 'quiénes'이다.
* '¿Quién es?'처럼 인칭대명사 없이 쓰이는 것은 문 앞에 누가 왔을 경우에 하는 말이다. '누가 왔네요'라고 할 때는 'Llaman a la puerta.'로 사용한다.
* 주로 인칭대명사는 생략한다.
* 'quién'으로 물으면 신분이나 관계를 말하며 'qué'로 물으면 직업을 말한다.
* 'quienquiera que sea'는 '누구든지'의 뜻이다.

단어[danə]	El vocablo[엘 보까블로]
아르헨티나 [arɨjent^{h}ina]	Argentina [아르헨띠나]
아르헨티나의 [arɨjent^{h}inaɨi]	argentino [아르헨띠노]
볼리비아 [bolibia]	Bolivia [볼리비아]
볼리비아의 [bolibiaɨi]	boliviano [볼리비아노]
콜롬비아 [k^{h}olrombia]	Colombia [꼴롬비아]
콜롬비아의 [k^{h}olrombiaɨi]	colombiano [꼴롬비아노]
코스타리카 [k^{h}osɨt^{h}arik^{h}a]	Costa Rica [꼬스따 ㄹ리까]
코스타리카의 [k^{h}osɨt^{h}arik^{h}aɨi]	costarricense [꼬스따ㄹ리센세]
쿠바 [k^{h}uba]	Cuba [꾸바]
쿠바의 [k^{h}ubaɨi]	cubano [꾸바노]
칠레 [chilre]	Chile [칠레]
칠레의 [chilreɨi]	chileno [칠레노]
에콰도르 [ek^{h}wadorɨ]	Ecuador [에꾸아도르]
에콰도르의 [ek^{h}wadorɨ-ɨi]	ecuatoriano [에꾸아또리아노]
엘살바도르 [elsalbadorɨ]	El Salvador [엘 살바도르]
엘살바도르의 [elsalbadorɨ-ɨi]	salvadoreño [살바도레뇨]
스페인 [sɨp^{h}ein]	España [에스빠냐]
스페인의 [sɨp^{h}einɨi]	español [에스빠뇰]
과테말라 [gwat^{h}emalra]	Guatemala [구아떼말라]
과테말라의 [gwat^{h}emalraɨi]	guatemalteco [구아떼말떼꼬]
온두라스 [ondurasɨ]	Hoduras [온두라스]
온두라스의 [ondurasɨ-ɨi]	hondureño [온두레뇨]
멕시코 [mekssik^{h}o]	México [메히꼬]
멕시코의 [mekssik^{h}oɨi]	mexicano [메히까노]
니카라과 [nik^{h}aragwa]	Nicaragua [니까라구아]

당신은 어느 나라 사람입니까?
[dangsinɨn əni nara saramimnica]

¿De dónde es usted?
[데 돈데 에스 우스뗀]

35

저는 스페인 사람입니다.

[zənɨn sipʰein saramimnida]

Soy de España.

[소이 데 에스빠냐]

너는 어디 사람이니?

[nənɨn ədi saramini]

¿De dónde eres tú?

[데 돈데 에레스 뚜]

나는 멕시코 사람이야.

[nanɨn mekssikʰo saramiya]

Soy de México.

[소이 데 메히꼬]

그는 어느 나라 사람이니?

[guɨnɨn ənɨ nara saramini]

¿De dónde es él?

[데 돈데 에스 엘]

그도 멕시코 사람이야.

[guɨdo mekssikʰo saramiya]

Es de México también.

[에스 데 메히꼬 땀비엔]

그들은 일본 사람들이니?

[guɨdɨrɨn ilbon saramdɨrini]

¿Son ellos japoneses?

[손 에요스 하뽀네세스]

예, 그렇습니다.

[ye guɨrəssɨmnida]

Sí, sí.

[시 시]

* Se puede decir '스페인인' en el lugar de '스페인 사람', pero no se dice '너는 어디 인이니?'.
* Se dice 'una lengua' como '한국어 / 한국말'(el coreano), '스페인어 / 스페인말'(el español) etc..
* '그렇습니다' es el ustedeo del adjetivo '그렇다'.

* 국적을 표현할 때 형용사형을 사용할 수 있으며 성·수에 일치시킨다 :

  Él es español.

  Ella es española.

  Nosotros somos españoles.

  Nosotras somos españolas.

* 남성단수형은 그 언어를 뜻한다:

  el español(스페인어)

  el coreano(한국어)

단어[danə]	El vocablo[엘 보까블로]
니카라과의 [nik^{h}aragwaɨi]	nicaragüense [니까라구엔세]
파나마 [p^{h}anama]	Panamá [빠나마]
파나마의 [p^{h}anamaɨi]	panameño [빠나메뇨]
파라과이 [p^{h}aragwai]	Paraguay [빠라구아이]
파라과이의 [p^{h}aragwai-ɨi]	paraguayo [빠라구아요]
페루 [p^{h}eru]	Perú [뻬루]
페루의 [p^{h}eruɨi]	peruano [뻬루아노]
도미니카공화국 [dominik^{h}agongjwaguk]	República Dominicana [ㄹ레뿌블리까 도미니까나]
도미니카공화국의 [dominik^{h}agongjwagugɨi]	dominicano [도미니까노]
우루과이 [urugwai]	Uruguay [우루구아이]
우루과이의 [urugwai-ɨi]	uruguayo [우루구아요]
베네수엘라 [benesuelra]	Venezuela [베네수엘라]
베네수엘라의 [benesuelraɨi]	venezolano [베네솔라노]
적도 기니 [zəkto guini]	Guinea Ecuatorial [기네아 에꾸아또리알]
적도 기니의 [zəkto guini-ɨi]	guineano [기네아노]
푸에르토리코 [p^{h}uerit^{h}orik^{h}o]	Puerto Rico [뿌에르또 ㄹ리꼬]
푸에르토리코의 [p^{h}uerit^{h}orik^{h}oɨi]	portorriqueño [뽀르또ㄹ리께뇨]
안도라 [andora]	Andorra [안도ㄹ라]
안도라의 [andoraɨi]	andorrano [안도ㄹ라노]
서울 [səul]	Seúl [세울]
마드리드 [madɨridɨ]	Madrid [마드릳]
바르셀로나 [barɨselrona]	Barcelona [바르셀로나]

당신은 한국어를 하십니까?
[dangsinɨn jangugərɨl jasimnica]

¿Habla usted coreano?
[아블라 우스뗀 꼬레아노]

36

예, 아주 잘 합니다.

[ye azu zal jamnida]

영어를 어느 정도 하니?

[yəng-ərɨl ənɨ zəngdo jani]

조금 해.

[zoguɨm jɛ]

한국어로 말하고 싶습니까?

[jangugəro maljago sipssɨmnica]

아니요, 중국어로 말하고 싶습니다.

[aniyo zunggugəro maljago sipssɨmnida]

* Se pude decir '너는 어느 나라 언어를 하니?' en vez de '너는 어느 나라 말을 하니?'.
* '싶니?' es el tuteo de '싶어요? / 싶습니까?'.
* '말'(la lengua) se hace verbo '말하다' con el sufijo '-하다'.
* '한국어를 한다.' en que '하다'(hacer) es verbo.
* '한국어로' en que '-로' es la posposición de la manera o el estado.

36

Sí, lo hablo muy bien.

[시 로 아블로 무이 비엔]

¿Cómo hablas inglés?

[꼬모 아블라스 잉글레스]

Lo hablo un poco.

[로 아블로 움 뽀꼬]

¿Quiere hablar en coreano?

[끼에레 아블라르 엥 꼬레아노]

No, quiero hablar en chino.

[노 끼에로 아블라르 엔 치노]

* '언어를 말한다'고 할 때 동사 'hablar'를 쓴다. 또한 동사 'hablar'와 함께 쓰일 때는 언어명 앞의 관사는 생략된다.
* 동사 'querer'(-하고 싶다)
* 'en coreano'(한국어로)에서 처럼 전치사 'en'은 수단이나 방법을 표현하는 부사구를 이룬다 :

  ¿En qué viene?(무엇을 타고 오나요?)

  Viene en avión.(비행기로 옵니다.)

단어[danə]	El vocablo[엘 보까블로]
한국 [janguk]	Corea [꼬레아]
한국의 [jangugu<U+0268>i]	coreano [꼬레아노]
미국 [miguk]	los Estados Unidos [로스 에스따도스 우니도스]
미국의 [migugu<U+0268>i]	estadounidense [에스따도우니덴세]
일본 [ilbon]	Japón [하뽄]
일본의 [ilbon<U+0268>i]	japonés [하뽀네스]
중국 [zungguk]	China [치나]
중국의 [zunggugu<U+0268>i]	chino [치노]
영국 [yəngguk]	Gran Bretaña [그란 브레따냐]
영국의 [yənggugu<U+0268>i]	británico [브리따니꼬]
브라질 [b<U+0268>razil]	Brasil [브라실]
브라질의 [b<U+0268>razir<U+0268>i]	brasileño [브라실레뇨]
캐나다 [kʰɛnada]	Canadá [까나다]
캐나다의 [kʰɛnada<U+0268>i]	canadiense [까나디엔세]
오스트레일리아 [os<U+0268>tʰ<U+0268>reilria]	Australia [아우스뜨랄리아]
오스트레일리아의 [os<U+0268>tʰ<U+0268>reilria<U+0268>i]	australiano [아우스뜨랄리아노]
프랑스 [pʰ<U+0268>rangs<U+0268>]	Francia [후란시아]
프랑스의 [pʰ<U+0268>rangs<U+0268>-<U+0268>i]	francés [후란세스]
오스트리아 [os<U+0268>tʰ<U+0268>ria]	Austria [아우스뜨리아]
오스트리아의 [os<U+0268>tʰ<U+0268>ria<U+0268>i]	austriaco [아우스뜨리아꼬]
러시아 [rəsia]	Rusia [ㄹ루시아]
러시아의 [rəsia<U+0268>i]	ruso [ㄹ루소]
독일 [doguil]	Alemania [알레마니아]
독일의 [doguir<U+0268>i]	alemán [알레만]

지금 나가고 싶니?
[ziguɨm nagago simni]

37

아니요, 지금은 싫어요.

[aniyo ziguɨmɨn sirəyo]

너는 누구와 나갈거니?

[nənɨn nuguwa nagalcəni]

혼자 나가고 싶어요.

[jonza nagago sip^{h}əyo]

내가 같이 가면 어떻겠니?

[nɛgagachi gamyən ətək^{h}enni]

알겠어요.

[alguessəyo]

* '싶어하다'(querer) es el verbo auxiliar.
* El ustedeo de '싶니?' es '싶어요? / 싶습니까?'.
* El tuteo '싫어' y el ustedeo '싫어요 / 싫습니다' son del adjetivo '싫다'(no querido).
* '나가다'(salir) es verbo.
* '가다'(ir) es verbo.
* El ustedeo de '나갈거니?' es '나가실겁니까?'
* '어떻다'(parecido) es adjetivo.

¿Quieres salir ahora?
[끼에레스 살리르 아오라]

37

No, ahorita no.

[노 아오리따 노]

¿Con quién vas a salir?

[꽁 끼엔 바스 아 살리르]

Quiero salir solo.

[끼에로 살리르 솔로]

¿Qué te parece si voy contigo?

[께 떼 빠레세 시 보이 꼰띠고]

De acuerdo.

[데 아꾸에르도]

* 'ahorita'는 'ahora'(지금)에 축소사 '-ito(-ta)'가 붙은 것이다. 가장 많이 쓰이는 축소사이며 증대사로는 '-ón(-ona)'이 많이 쓰인다 :

  hombrón(덩치가 큰 남자)

  mujerona(덩치가 큰 여자)

  casita(작은 집)
* 'solo(a)'는 혼자서라는 뜻이고 'sólo'는 '단지'라는 뜻으로 'solamente'와 같은 뜻이다.
* 'ir a inf.'는 '-할 것이다'라는 뜻으로 영어의 'be going to'에 해당한다.

단어[danə]	El vocablo[엘 보까블로]
샌드위치 [sɛndɨwichi]	el bocadillo [엘 보까디요]
음료 [ɨmnyo]	la bebida [라 베비다]
차 [cha]	el té [엘 떼]
녹차 [nokcha]	el té verde [엘 떼 베르데]
레몬홍차 [remonjongcha]	el té con limón [엘 떼 꼰 리몬]
커피 [k^{h}əp^{h}i]	el café [엘 까훼]
블랙커피 [bɨlrɛkk^{h}əp^{h}i]	el café solo [엘 까훼 솔로]
밀크커피 [milk^{h}ɨk^{h}əp^{h}i]	el café con leche [엘 까훼 꼰 레체]
물 [mul]	el agua [엘 아구아]
우유 [uyu]	la leche [라 레체]
주스 [zusɨ]	el zumo / el jugo [엘 수모 / 엘 후고]
오렌지 주스 [orenzi zusɨ]	el zumo de naranja [엘 수모 데 나랑하]
토마토 주스 [t^{h}omat^{h}o zusɨ]	el jugo de tomate [엘 후고 데 또마떼]
탄산수 [t^{h}ansansu]	el agua tónica [엘 아구아 또니까]
탄산음료 [t^{h}ansanɨmnyo]	la gaseosa [라 가세오사]
광천수 [gwangchənsu]	el agua mineral [엘 아구아 미네랄]
맥주 [mɛkzzu]	la cerveza [라 세르베사]
칵테일 [k^{h}akt^{h}eil]	el cóctel [엘 꼭뗄]
위스키 [wisɨk^{h}i]	el wisky [엘 위스끼]
샴페인 [syamp^{h}ein]	el champán [엘 참빤]
포도주 [p^{h}odozu]	el vino [엘 비노]
적포도주 [zəkp^{h}odozu]	el vino tinto [엘 비노 띤또]
백포도주 [bɛkp^{h}odozu]	el vino blanco [엘 비노 블랑꼬]

이 근처에 바가 있습니까?
[i guɨnchəe baga itssɨmnica]

¿Hay un bar por aquí?
[아이 웅 바르 뽀르 아끼]

38

예, 오른쪽에 하나가 있습니다.

[ye orɨnzzogue janaga itssɨmnida]

이 근처에 커피숍이 있습니까?

[i guɨnchəe k^hap^hisyobi itssɨmnica]

예, 왼쪽에 하나가 있습니다.

[ye ønzzogue janaga itssɨmnida]

이 근처에 시장이 있습니까?

[i guɨnchəe sizang-i itssɨmnica]

예, 뒤쪽에 하나가 있습니다.

[ye dwizzogue janaga itssɨmnida]

이 근처에 백화점이 있습니까?

[i guɨnchəe $b\varepsilon k^h$wazəmi itssɨmnica]

예, 앞쪽에 하나가 있습니다.

[ye apzzogue janaga itssɨmnida]

* '근처'(alrededor) es sustantivo y los sinónimos son '근방 / 부근'.
* '-에' es la posposición locativa y temporal :
  위에(arriba) / 아래에(abajo) / 옆에(al lado) / 낮에(por el día) / 밤에(por la noche) / 2시에(a las dos)

38

Sí, hay uno a la derecha.

[시 아이 우노 아 라 데레차]

¿Hay una cafetería por aquí?

[아이 우나 까훼떼리아 뽀르 아끼]

Sí, hay una a la izquierda.

[시 아이 우나 아 라 이스끼에르다]

¿Hay un mercado por aquí?

[아이 움 메르까도 뽀르 아끼]

Sí, hay uno atrás.

[시 아이 우노 아뜨라스]

¿Hay un almacén por aquí?

[아이 운 알마센 뽀르 아끼]

Sí, hay uno enfrente.

[시 아이 우노 엔후렌떼]

* 'un bar'가 남성단수이므로 'uno'로 받은 것이고, 'una cafetería'가 여성단수이므로 'una'로 받은 것이다.
* 'hay'와 'dónde'는 의미상 '¿Qué hay?'는 가능하나 '¿Qué está?'는 가능하지 않으며 '¿Dónde está?'는 가능하나 '¿Dónde hay?'는 가능하지 않다.

단어[danə]	El vocablo[엘 보까블로]
가까이 [gacai]	cerca [세르까]
~가까이 [gacai]	cerca de [세르까 데]
멀리 [məlri]	lejos [레호스]
~멀리 [məlri]	lejos de [레호스 데]
저기 [zəgui]	allí [아이]
~의 위에 [ɨi wie]	encima de [엔시마 데]
~의 아래 [ɨi arɛ]	debajo de [데바호 데]
~의 앞에 [ɨi apʰe]	enfrente de [엔후렌떼 데]
~의 뒤에 [ɨi dwie]	detrás de [데뜨라스 데]
~의 밖에 [ɨi baque]	fuera de [후에라 데]
~의 안에 [ɨi ane]	dentro de [덴뜨로 데]
~의 옆에 [ɨi yəpʰe]	al lado de [알 라도 데]
슈퍼마켓 [syupʰəmakʰet]	el supermercado [엘 수뻬르메르까도]
하이퍼마켓 [jaipʰəmakʰet]	el hipermercado [엘 이뻬르메르까도]
상가 [sangga]	el centro comercial [엘 센뜨로 꼬메르시알]
백화점 [bɛkʰwazəm]	el almacén [엘 알마센]
시장 [sizang]	el mercado [엘 메르까도]
바 [ba]	el bar [엘 바르]
커피숍 [kʰəpʰisyop]	la cafetería [라 까훼떼리아]
박물관 [bangmulgwan]	el museo [엘 무세오]
가게 [gague]	la tienda [라 띠엔다]
빵집 [pangzzip]	la panadería [라 빠나데리아]
학교 [jakcyo]	la escuela [라 에스꾸엘라]
학원 [jagwən]	el instituto [엘 인스띠뚜또]

이 코트는 누구의 것입니까?
[i kʰotʰɨnɨn nugu-ɨi gəsimnica]

¿De quién es el abrigo?
[데 끼엔 에스 엘 아브리고]

39

우리 아버지의 것입니다.

[uri abəzi-ɨi gəsimnida]

너는 누구를 기다리니?

[nənɨn nugurɨl guidarini]

내 친구를 기다린다.

[nɛ chingurɨl guidarinda]

너는 누구와 말하고 있니?

[nənɨn nuguwa maljago inni]

나 자신과 말하고 있다.

[na zasingwa maljago itta]

* '-의' es la posposición posesiva.
* '-를 / -을' es la posposición acusativa.
* '-와 / -과' es la posposición adverbial que indica al que alude o yuxtapone A y B :
  하늘과 땅(el cielo y la tierra)
  너와 나 사이에(entre tú y yo)
* '말하고 있다' es el progresivo de '말하다'(decir) con el verbo auxiliar '있다' :
  나는 공부하고 있다.
  (Estoy estudiando.)

39

Es el de mi padre.

[에스 엘 데 미 빠드레]

¿A quién esperas?

[아 끼엔 에스뻬라스]

Espero a mi amigo.

[에스뻬로 아 미 아미고]

¿Con quién hablas?

[꽁 끼엔 아블라스]

Hablo conmigo mismo.

[아블로 꼼미고 미스모]

* 'quién'앞에 전치사가 나와 뜻을 보조한다 :
  a(-에게 / -를)
  de(-의)
  con(-와 함께)
  para(-를 위하여)
* 동사 'esperar'(기다리다 / 바라다)
* 'mismo'는 여러 가지 뜻을 갖는다 :
  la misma cosa(같은 일 / 것)
  ahora mismo(지금 당장)
  aquí mismo(바로 여기)
  yo mismo(나 자신)

단어[danə]	El vocablo[엘 보까블로]
의복 [ɨibok]	el vestido / la ropa / el traje [엘 베스띠도 / 라 ㄹ로빠 / 엘 뜨라헤]
자켓 [zakʰet]	la chaqueta [라 차께따]
바지 [bazi]	los pantalones [로스 빤딸로네스]
반바지 [banbazi]	los calzones [로스 깔소네스]
스웨터 [sɨwetʰə]	el suérter / el jersey [엘 수에르떼르 / 엘 헤르세이]
블라우스 [blrausɨ]	la blusa [라 블루사]
치마 [chima]	la falda [라 활다]
외투 [øtʰu]	el abrigo [엘 아브리고]
셔츠 [syəchɨ]	la camisa [라 까미사]
넥타이 [nektʰai]	la corbata [라 꼬르바따]
목도리 [moktori]	la bufanda [라 부환다]
허리띠 [jəriti]	el cinturón [엘 신뚜론]
양말 [yangmal]	los calcetines [로스 깔세띠네스]
스타킹 [sɨtʰakʰing]	las medias [라스 메디아스]
우비 [ubi]	el impermeable [엘 임뻬르메아블레]
모자 [moza]	el sombrero [엘 솜브레로]
장갑 [zanggap]	los guantes [로스 구안떼스]
손수건 [sonssugən]	el pañuelo [엘 빠뉴엘로]
옷감 [otcam]	la tela [라 뗄라]
면 [myən]	el algodón [엘 알고돈]
실크 / 비단 [silkʰɨ / bidan]	la seda [라 세다]
가죽 [gazuk]	el cuero [엘 꾸에로]
양모 [yangmo]	la lana [라 라나]

어디 계십니까?
[ədi gyesimnica]

¿Dónde está usted?
[돈데 에스따 우스뗀]

40

집에 있습니다.

[zibe itssɨmnida]

어디 가려고 하십니까?

[ədi garyəgo jasimnica]

은행에 가려고 합니다.

[ɨnjɛng-e garyəgo jamnida]

어디로 여행을 했습니까?

[ədiro yəjɛng-ɨl jɛtssimnica]

유럽으로 여행을 했습니다.

[yurəbɨro yəjɛng-ɨl jɛtssɨmnida]

기차는 어디에서 옵니까?

[guichanɨn ədiesə omnica]

기차는 마드리드에서 옵니다.

[guichanɨn madɨridɨesə omnida]

* '어디'(dónde) es pronombre.
* '어디 계십니까?' en que se ha eliminado la posposición locativa '-에' de '어디에'.
* '-려고'(ir a inf.) es la desinencia de futuro inmediato.
* '-에서'(de) y '-까지'(hasta) son posposiciones.
* '오다'(venir) es verbo.

40

Estoy en casa.

[에스또이 엥 까사]

¿A dónde va a ir usted?

[아 돈데 바 아 이르 우스뗀]

Voy a ir al banco.

[보이 아 이르 알 방꼬]

¿Por dónde ha viajado usted?

[뽀르 돈데 아 비아하도 우스뗀]

He viajado por Europa.

[에 비아하도 뽀르 에우로빠]

¿De dónde viene el tren?

[데 돈데 비에네 엘 뜨렌]

El tren viene de Madrid.

[엘 뜨렌 비에네 데 마드릳]

* 'ha viajado' 는 직설법 현재완료형으로 '-해본 적이 있다 / 없다'라고 할 때 사용한다.
* 동사 'ir'(가다)
* 동사 'viajar'(여행하다)
* 동사 'venir'(오다)
* '-로부터 -까지'는 'de / desde ~ a / hasta'로 쓴다.

단어[danə]	El vocablo[엘 보까블로]
기차 [guicha]	el tren [엘 뜨렌]
자동차 [zadongcha]	el coche [엘 꼬체]
트럭 [t^{h}ɨrək]	el camión [엘 까미온]
택시 [t^{h}ɛkssi]	el taxi [엘 딱시]
자전거 [zazəngə]	la bicicleta [라 비시끌레따]
오토바이 [ot^{h}obai]	la motocicleta [라 모또시끌레따]
지하철 [zijachəl]	el metro [엘 메뜨로]
버스 [bəsɨ]	el autobús [엘 아우또부스]
기관차 [guigwancha]	la locomotora [라 로꼬모또라]
비행기 [bijɛnggui]	el avión [엘 아비온]
배 [bɛ]	el barco [엘 바르꼬]
철도 [chəlto]	el ferrocarril [엘 훼ㄹ로까ㄹ릴]
정류장 [zəngnyuzang]	la parada [라 빠라다]
역 [yək]	la estación [라 에스따시온]
운전사 [unzənsa]	el conductor [엘 꼰둑또르]
교통 [$gyot^{h}$ong]	el tráfico [엘 뜨라휘꼬]
운송 / 교통 [unsong / $gyot^{h}$ong]	el transporte [엘 뜨란스뽀르떼]
목적지 [mokzzəkzzi]	el destino [엘 데스띠노]
출발지 [chulbalzi]	el lugar de partida [엘 루가르 데 빠르띠다]
노선 [nosən]	la línea [라 리네아]
왕복 [wangbok]	ida y vuelta [이다 이 부엘따]
여행 [yəjɛng]	el viaje [엘 비아헤]
시간표 [$siganp^{h}$yo]	el horario [엘 오라리오]
관광 [gwangwang]	el turismo [엘 뚜리스모]

몇 시입니까?
[myət ssiimnica]

41

1시 정각입니다.

[jansi zənggaguimnida]

몇 시입니까?

[myət ssiimnica]

1시 반입니다.

[jansi banimnida]

몇 시쯤 됐을까요?

[myət ssizzɨm dwɛssɨlcayo]

3시쯤 됐을 겁니다.

[sesizzɨm dwɛssɨlcəmnida]

* '시'(hora) es sustantivo.
* '쯤'(más o menos) es sufijo de grado.
* '전'(anterior / antes de / delante de) es sustantivo.
* '됐을 겁니다' : '됐' es la forma contractiva de '되었' en que '-었' es la desinencia de pasado y '-을' es la desinenca de futuro o conjetura.
* '겁니다' es la forma contractiva de '것 입니다'.

¿Qué hora es?
[께 오라 에스]

41

Es la una en punto.

[에스 라 우나 엔 뿐또]

¿Qué hora es?

[께 오라 에스]

Es la una y media.

[에 라 우나 이 메디아]

¿Qué hora sería?

[께 오라 세리아]

Serían las tres.

[세리안 라스 뜨레스]

* 시간은 여성형인 'la / las'를 사용한다.
* '1시'는 단수로 쓰고 나머지는 복수로 쓴다 :
  1시 10분이다.(Es la una y diez.)
  2시 10분 전이다.(Son las dos menos diez.)
* 'sería'는 동사 'ser'(이다)의 가상미래형으로 여기서는 현재의 추측을 표현한다.
* '시간을 잘 지키는 사람'의 뜻으로는 'puntual'을 사용한다.

단어[danə]	El vocablo[엘 보까블로]
시간표 [siganpʰyo]	el horario [엘 오라리오]
시 [si]	la hora [라 오라]
분 [bun]	el minuto [엘 미누또]
초 [cho]	el segundo [엘 세군도]
30분 [samsippun]	media [메디아]
15분 [sibobun]	cuarto [꾸아르또]
일정 [ilzzəng]	el itinerario / la jornada [엘 이띠네라리오 / 라 호르나다]
정각 [zənggak]	en punto [엔 뿐또]
한 시간 후에 [jan sigan jue]	después de una hora [데스뿌에스 데 우나 오라]
한 시간 늦게 [jan sigan nɨtque]	una hora después [우나 오라 데스뿌에스]
한 시간 전에 [jan sigan zəne]	antes de una hora [안떼스 데 우나 오라]
한 시간 빨리 [jan sigan palri]	una hora antes [우나 오라 안떼스]
잠시 후에 [zamsi jue]	poco después [뽀꼬 데스뿌에스]
한 번 [jan bən]	una vez [우나 베스]
두 번 [du bən]	dos veces [도스 베세스]
여러 번 [yərə bən]	varias veces [바리아스 베세스]
하루 종일 [jaruzong-il]	todo el día [또도 엘 디아]
매일같이 [mɛilgachi]	todos los días [또도스 로스 디아스]
일 [il]	el día [엘 디아]
월 [wəl]	el mes [엘 메스]
년 [nyən]	el año [엘 아뇨]

무엇을 드시겠습니까?
[muəsɨl dɨsiguetssɨmnica]

42

갈비구이를 먹겠습니다.

[galbigüirɨl məkquetssɨmnida]

뭘 먹을래?

[mwəl məguɨlrɛ]

멕시코식 또르띠야를 먹을래.

[mekssikʰosik torɨtiyarɨl məguɨlrɛ]

* '드시겠습니까? / 드실 겁니까?' en que '-겠' es la desinencia de futuro o conjetura y '-ㅂ니까?' es la desinencia interrogativa. Y '-ㄹ' de '드실' es la desinencia de futuro o conjetura y '겁니까?' es la forma contractiva de '것입니까?' en que '것' es sustantivo pendiente.

* '먹을래? / 먹을래' :

  '-ㄹ' es la desinencia de futuro o conjetura y '-래?' es la forma contractiva de '-라고 해'. Así se puede usar afirmativo o interrogativo.

¿Qué quiere tomar?
[께 끼에레 또마르]

42

Quiero chuleta a la plancha.

[끼에로 출레따 아 라 쁠란차]

¿Qué quiere tomar?

[께 끼에레 또마르]

Quiero tortilla a la mexicana.

[끼에로 또르띠야 아 라 메히까나]

* '먹다'는 동사 'tomar / comer'를 사용한다. 동사 'tomar'는 '집다 / 취하다'는 뜻도 있다.

* 'a la 여성단수형'을 사용하면 '-식으로'의 뜻이 된다 :

  a la coreana(한국식으로)

  a la española(스페인식으로)

* '아무거나'라고 말하려면 'sea lo que sea'를 사용한다.

* 스페인식 식사는 전채(de primero), 주요리(de segundo) 그리고 후식(de postre)이 있다.

단어[danə]	El vocablo[엘 보까블로]
고기 [gogui]	la carne [라 까르네]
송아지고기 [song-azigogui]	la ternera [라 떼르네라]
양고기 [yanggogui]	el cordero [엘 꼬르데로]
돼지고기 [dwɛzigogui]	la carne de cerdo [라 까르네 데 세르도]
새끼돼지고기 [sɛquidwɛzigogui]	el cochinillo [엘 꼬치니요]
갈비 [galbi]	la chuleta [라 출레따]
등심 [dɨngsim]	el lomo [엘 로모]
스테이크 [sɨt^{h}eik^{h}ɨ]	el filete [엘 휠레떼]
베이컨 [beik^{h}ən]	el tocino [엘 또시노]
물고기 [mulcogui]	la pez [라 뻬스]
생선 [sɛngsən]	el pescado [엘 뻬스까도]
참치 [chamchi]	el atún [엘 아뚠]
연어 [yənə]	el salmón [엘 살몬]
명태 [myəngt^{h}ɛ]	la merluza [라 메를루사]
대구 [dɛgu]	el bacalao [엘 바깔라오]
고등어 [godɨng-ə]	la caballa [라 까바야]
송어 [song-ə]	la trucha [라 뜨루차]
정어리 [zəng-əri]	la sardina [라 사르디나]
가다랭이 [gadarɛng-i]	el bonito [엘 보니또]
아이스크림 [aisɨk^{h}ɨrim]	el helado [엘 엘라도]
파이 [p^{h}ai]	el pastel [엘 빠스뗄]
케이크 [k^{h}eik^{h}ɨ]	la tarta [라 따르따]
요리 [yori]	el plato [엘 쁠라또]
차림표 [charimp^{h}yo]	el menú [엘 메누]

순이는 언제 옵니까?
[suninɨn ənze omnica]

43

순이는 월요일에 옵니다.

[suninɨn wəryoire omnida]

당신 아버님께서는 언제 오십니까?

[dangsin abənimquesənɨn ənze osimnica]

내년에 오실 겁니다.

[nɛnyəne osil cəmnida]

너는 언제부터 여기 있니?

[nənɨn ənzebutʰə yəgui inni]

1시간 전부터요.

[jansigan zənbutʰəyo]

* '언제' es pronombre.
* '있다'(estar / hay) es verbo.
* '오시다' es el ustedeo del verbo '오다'(venir) y '-ㅂ니다' de '오십니다' es la desinencia terminativa.
* En '당신의' y '여기에' se puede omitir '-의'(la posposición posesiva) y '-에'(la posposición locativa).
* '전'(antes) es sustantivo y como prefijo tiene sentido de 'todo' o 'ex-', por ejemplo, '전세계'(todo el mundo) o '전시장'(ex-alcalde).

¿Cuándo viene Suni?
[꾸안도 비에네 수니]

43

Suni viene el lunes.

[수니 비에네 엘 루네스]

¿Cuándo vendrá su padre?

[꾸안도 벤드라 수 빠드레]

Vendrá el año próximo.

[벤드라 엘 아뇨 쁘록시모]

¿Desde cuándo estás aquí?

[데스데 꾸안도 에스따스 아끼]

Desde hace una hora.

[데스데 아세 우나 오라]

* 강세가 있는 'cuándo'는 의문부사이고 강세가 없는 'cuando'는 관계부사나 접속사이다.
* 'estarás'는 동사 'estar'(-에 있다 / -한 상태이다)의 직설법 미래 변화형이다.
* 'vendrá'는 동사 'venir'(오다)의 직설법 미래 변화형이다.
* 'vuelvas'는 동사 'volver'의 접속법 현재로 여기서는 '부사절에서 아직 일어나지 않은 일'을 표현한다.

단어[danə]	El vocablo[엘 보까블로]
이번 주 [ibən zu]	esta semana [에스따 세마나]
지난 주 [zinan zu]	la semana pasada [라 세마나 빠사다]
다음 주 [daɨm zu]	la próxima semana / la semana que viene / la semana entrante [라 쁘록시마 세마나 / 라 세마나 께 비에네 / 라 세마나 엔뜨란떼]
주말 [zumal]	el fin de semana [엘 휜 데 세마나]
올해 [oljɛ]	este año [에스떼 아뇨]
내년 [nɛnyən]	el año entrante / el año próximo / el año que viene / el año que entra [엘 아뇨 엔뜨란떼 / 엘 아뇨 쁘록시모 / 엘 아뇨 께 비에네 / 엘 아뇨 께 엔뜨라]
초순에 [chosune]	a principios de [아 쁘린시삐오스 데]
중순에 [zungsune]	a mediados de [아 메디아도스 데]
말경에 [malgyəng-e]	a fines de [아 휘네스 데]
식당 [siktang]	el restaurante [엘 ㄹ레스따우란떼]
바 [ba]	el bar [엘 바르]
커피숍 [k^{h}əp^{h}isyop]	la cafetería [라 까훼떼리아]
클럽 [k^{h}ɨlrəp]	el club [엘 끌룹]
영화관 [yəngjwagwan]	el cine [엘 시네]
영화 [yəngjwa]	la película [라 뻴리꿀라]
극장 [guɨkzzang]	el teatro [엘 떼아뜨로]
스타디움 [sit^{h}adium]	el estadio [엘 에스따디오]
운동장 [undongzang]	el campo de juegos [엘 깜뽀 데 후에고스]

오늘은 날씨가 어떻습니까?
[onɨrɨn nalssiga ətəssɨmnica]

44

매우 덥습니다.

[mɛu dəpssɨmnida]

당신은 춥습니까?

[dangsinɨn chupssɨmnica]

아니요, 덥습니다.

[aniyo dəpssɨmnida]

비가 내리고 있습니까?

[biga nɛrigo itssɨmnica]

아니요, 눈이 내리고 있습니다.

[aniyo nuni nɛrigo itssɨmnida]

* '어떻다'(cómo estar) es adjetivo.
* '매우 / 무척 / 몹시 / 아주 / 대단히'(muy) son adverbios.
* '내리다'(bajar) es verbo, y el antónimo es '오르다'(subir). Y hay '오르내리다'.
* '내리고 있습니다'(está bajando) en que el verbo auxiliar '있다' se usa como gerundio en el español.
* '춥다' y '덥다' son adjetivos:
  추워서(porque hace frío)
  더워서(porque hace calor)

¿Qué tiempo hace hoy?
[께 띠엠뽀 아세 오이]

44

Hace mucho calor.

[아세 무초 깔로르]

¿Tiene frío?

[띠에네 후리오]

No, tengo calor.

[노 뗑고 깔로르]

¿Está lloviendo?

[에스따 요비엔도]

No, está nevando.

[노 에스따 네반도]

* 'tiempo'는 '시간 / 날씨' 등의 뜻이 있다. 또한 '시간 있어?'라고 할 때는 '¿Tienes tiempo?'로 표현한다.
* 날씨를 표현할 때는 'hace'를 쓴다.
* '사람이 춥다 / 덥다'를 말할 때는 동사 'tener'(가지다)를 쓴다.
* 조동사 'estar'와 본동사의 현재분사형을 함께 사용하여 현재진행형을 만든다.
* 동사 'llover'(비가 내리다)
* 동사 'nevar'(눈이 내리다)

단어[danə]	El vocablo[엘 보까블로]
일기예보 [ilguiyebo]	el pronóstico del tiempo [엘 쁘로노스띠꼬 델 띠엠뽀]
기상 [guisang]	la meteorología [라 메떼오롤로히아]
해 [jɛ]	el sol [엘 솔]
그늘 [guɨnɨl]	la sombra [라 솜브라]
구름 [gurɨm]	la nube [라 누베]
안개 [anguɛ]	la niebla [라 니에블라]
비 [bi]	la lluvia [라 유비아]
이슬비 [isɨlbi]	la llovizna [라 요비스나]
바람 [baram]	el viento [엘 비엔또]
산들바람 [sandɨlparam]	la brisa [라 브리사]
눈 [nun]	la nieve [라 니에베]
우박 [ubak]	el granizo [엘 그라니소]
얼음 [ərɨm]	el hielo [엘 젤로]
소나기 [sonagui]	el chubasco / el aguacero [엘 추바스꼬 / 엘 아구아세로]
천둥 [chəndung]	el trueno [엘 뜨루에노]
번개 [bənguɛ]	el relámpago [엘 ㄹ렐람빠고]
폭풍 [pʰokpʰung]	la tempestad [라 뗌뻬스딷]
태풍 [tʰɛpʰung]	el tifón / el huracán [엘 띠혼 / 엘 우라깐]
지진 [zizin]	el sismo / el terremoto [엘 시스모 / 엘 떼ㄹ레모또]
기온 [guion]	la temperatura [라 뗌뻬라뚜라]
계절 [gyezəl]	la estación [라 에스따시온]

1킬로에 얼마입니까?
[ilkʰilroe əlmaimnica]

¿Cuánto es un kilo?
[꾸안또 에스 웅 낄로]

45

5000원입니다.

[ochənwənimnida]

오늘은 며칠입니까?

[onɨrɨn myəchirimnica]

오늘은 2월 2일입니다.

[onɨrɨn iwəl i-irimnida]

얼마나 많은 아이들이 있니?

[əlmana manɨn aidɨri inni]

얼마 없습니다.

[əlma əpssɨmnida]

* '얼마' es sustantivo y '얼마나' es adverbio.
* '며칠' es sustantivo y hay '몇' que es sustantivo o adjetivo numerario que indica el número incierto(나이가 몇이냐? : ¿Cuántos años tienes?) y se usa con varias funciones :

  몇 사람이 왔니?(preposición coreana: ¿Cuántos han venido?)

  몇몇이 있다.

  (sustantivo : Hay algunos.)
* '없다'(no estar / no hay) es adjetivo y el antónimo '있다' es verbo.

45

Son cinco mil wones.

[손 싱꼬 밀 워네스]

¿A cuántos estamos hoy?

[아 꾸안또스 에스따모스 오이]

Estamos a dos de febrero.

[에스따모스 아 도스 데 훼브레로]

¿Cuántos niños hay?

[꾸안또스 니뇨스 아이]

Hay pocos.

[아이 뽀꼬스]

* 'cuánto'는 '얼마'라는 뜻으로 형용사로 쓰일 경우는 명사의 성과 수에 일치시킨다 :

  cuántos años(몇 살)

  cuántas mujeres(몇 명의 여자)
* 날짜를 말할 때는 전치사 'a'와 함께 쓴다. 다르게는 '¿Qué fecha es hoy?'로 표현할 수 있다.
* 'hay'(-에 -이 있다)는 한 가지 형태로 사용한다.

단어[danə]	El vocablo[엘 보까블로]
화폐 [jwap^{h}ye]	la moneda [라 모네다]
돈 [don]	el dinero [엘 디네로]
지폐 [zip^{h}ye]	el billete [엘 비예떼]
동전 [dongzən]	la moneda [라 모네다]
동전지갑 [dongzənzigap]	el monedero [엘 모네데로]
원화 [wənjwa]	el won [엘 원]
유로화 [yurojwa]	el euro [엘 에우로]
달러화 [dalrəjwa]	el dólar [엘 돌라르]
엔화 [enjwa]	el yen [엘 옌]
은행 [ɨnjɛng]	el banco [엘 방꼬]
우체국 [ucheguk]	la casa de correos [라 까사 데 꼬ㄹ레오스]
학교 [jakcyo]	la escuela [라 에스꾸엘라]
대학교 [dɛjakcyo]	la universidad [라 우니베르시닫]
광장 [gwangzang]	la plaza [라 쁠라사]
건물 [gənmul]	el edificio [엘 에디휘시오]
교회 [gyojø]	la iglesia [라 이글레시아]
절 / 사원 [zəl / sawən]	el templo [엘 뗌쁠로]
종교 [zonggyo]	la religión [라 ㄹ렐리히온]
천주교 신자 [chəzugyo sinza]	el católico / la católica [엘 까똘리꼬 / 라 까똘리까]
기독교 신자 [guidokcyo sinza]	el cristiano / la cristiana [엘 끄리스띠아노 / 라 끄리스띠아나]
불교 신자 [bulgyo sinza]	el / la budista [엘 / 라 부디스따]

어느 것이 당신의 반지입니까?
[ənɨ gəsi dangsinɨi banziimnica]

¿Cuál es su anillo?
[꾸알 에스 수 아니요]

46

금으로 된 것이 내 것입니다.

[guɨmiro døn gəsi nɛ gəsimnida]

어느 집이 네 집이니?

[ənɨ zibi ne zibini]

가장 큰 집이 우리 집이야.

[gazang kʰɨn zibi uri zibiya]

* '어느'(cuál) es preposición coreana.
* '금으로'(de oro) en que '-으로' es posposición de materias.
* '내' es la forma contractiva de '나의'(mi / mío).
* '네' es la forma contractiva de '너의'(tu / tuyo).
* '가장'(el más -) es adverbio que hace el superlativo y los sinónimos son '최고로 / 제일'.
* Es más usual '우리 집' que '나의 집 / 내 집'.
* '큰' es la forma calificativa del adjetivo '크다'(grande / alto) y el antónimo es '작다'(pequeño / bajo).

46

El de oro es mío.

[엘 데 오로 에스 미오]

¿Cuál es tu casa?

[꾸알 에스 뚜 까사]

La más grande es mía.

[라 마스 그란데 에스 미아]

* 'cuál'(어느)은 의문대명사나 의문형용사로 쓰이며 복수형은 'cuáles'이다.
* '-으로 된'의 뜻으로 전치사 'de'를 사용한다.
* 'mío / tuyo / suyo'는 소유형용사 후치형으로 명사 뒤에서나 서술형으로 쓰일 때 사용하며 명사와 성과 수를 일치시킨다. 소유형용사 전치형은 'mi / tu / su / nuestro / vuestro / su'이며 후치형은 mío / tuyo / suyo / nuestro / vuestro / suyo 이다 :

  mi libro : el libro mío

  mis libros : los libros míos

  mi casa : la casa mía

  mis casas : las casas mías

단어[danə]	El vocablo[엘 보까블로]
보물 [bomul]	el tesoro [엘 떼소로]
보석 [bosək]	la joya / la piedra preciosa [라 호야 / 라 삐에드라 쁘레시오사]
보석상 [bosəkssang]	la joyería [라 호예리아]
진주 [zinzu]	la perla [라 뻬를라]
다이아몬드 [daiamondɨ]	el diamante [엘 디아만떼]
금 [guɨm]	el oro [엘 오로]
은 [ɨn]	la plata [라 쁠라따]
법정순은 [bəpzzəngsunɨn]	la plata de ley [라 쁠라따 데 레이]
동 [dong]	el cobre / el bronce [엘 꼬브레 / 엘 브론세]
금메달 [guɨmmedal]	la medalla de oro [라 메다야 데 오로]
크리스탈 [k^hɨrisɨt^hal]	el cristal [엘 끄리스딸]
루비 [rubi]	el rubí [엘 ㄹ루비]
에메랄드 [emeraldɨ]	la esmeralda [라 에스메랄다]
자수정 [zasuzəng]	la amatista [라 아마띠스따]
사파이어 [sap^haiə]	el zafiro [엘 사휘로]
시계 [sigye]	el reloj [엘 ㄹ렐로흐]
목걸이 [mokcəri]	el collar / el colgante [엘 꼬야르 / 엘 꼴간떼]
귀걸이 [gwigəri]	el pendiente [엘 뻰디엔떼]
반지 [banzi]	el anillo [엘 아니요]
팔찌 [p^halzzi]	la pulsera [라 뿔세라]
브로치 [bɨrochi]	el broche [엘 브로체]

그는 어떤 사람입니까?
[gunɨn ətən saramimnica]

¿Cómo es él?
[꼬모 에스 엘]

47

그는 착한 사람입니다.

[guɨnɨn chak^{h}an saramimnida]

너네 집에 어떻게 가니?

[nəne zibe ətək^{h}e gani]

지하철을 타는 게 나아.

[zijachəril t^{h}anɨn gue naa]

* '어떤' es la forma contractiva de '어떠한' que es preposición coreana y '어떻게' es adverbio.
* '-네' es sufijo de agrupar.
* '게' es la forma contrativa de '것이' y hay varios usos de '게' :
  1) '게'(el cangrejo) es sustantivo.
  2) '-게'(a / para) es la forma contractiva de la posposición dativa '-에게'.
  3) '-게' es la desinencia de terminación de medio ustedeo, por ejemplo, '가까이 오게'(Ven cerca.).
* '나아' es del adjetivo '낫다'(mejor).
* Con '타다' se puede decir '말을 타다'(montar a caballo).

47

Él es bueno.

[엘 에스 부에노]

¿Cómo se va a tu casa?

[꼬모 세 바 아 뚜 까사]

Es mejor coger el metro.

[에스 메호르 꼬헤르 엘 메뜨로]

* 'cómo'(어떻게)는 의문부사이다.
* 'se va'(irse)는 주어는 표현되지 않으면서 일반주어를 상정하고 쓰는 형식이다. 주어없이 'se'와 함께 항상 3인칭 단수로 쓴다 :

  Se vive bien en Corea.

  (한국에서는 잘 산다.)

  Se dice que Suni es buena.

  (순이는 착하다고 말한다.)
* 'Es mejor coger el metro.'를 절로 표현할 경우는 'que'로 이어지는 종속절에 접속법을 쓴다. 즉, 'ser + 형용사 +que' 구문의 종속절에 접속법을 사용한다 :

  Es mejor que cojas el metro.

단어[danə]	El vocablo[엘 보까블로]
잘생긴 [zalsɛngguin]	guapo(a) [구아뽀(빠)]
예쁜 [yepɨn]	bonito(a) / mono(a) [보니또(따) / 모노(나)]
아름다운 [arɨmdaun]	hermoso(a) [에르모소(사)]
귀여운 [gwiyəun]	gracioso(a) [그라시오소(사)]
못생긴 [motssɛngguin]	feo(a) [훼오(아)]
뚱뚱한 [tungtungjan]	gordo(a) [고르도(다)]
마른 [marɨn]	delgado(a) [델가도(다)]
키 큰 [k^{h}ik^{h}ɨn]	alto(a) [알또(따)]
키 작은 [k^{h}i zaguɨn]	bajo(a) [바호(하)]
주의깊은 [zuɨiguip^{h}ɨn]	atento(a) [아뗀또(따)]
신중한 [sinzungjan]	prudente [쁘루덴떼]
도덕적인 [dodəkzzəguin]	moral [모랄]
경솔한 [gyəngsoljan]	imprudente [임쁘루덴떼]
호기심 많은 [joguisim manɨn]	curioso(a) [꾸리오소(사)]
무관심한 [mugwansimjan]	indiferente [인디훼렌떼]
이기적인 [iguizəguin]	egoísta [에고이스따]
이타적인 [it^{h}azəguin]	altruista [알뜨루이스따]
창백한 [changbɛk^{h}an]	pálido(a) [빨리도(다)]
변덕스런 [byəndəkssɨrən]	caprichoso(a) [까쁘리초소(사)]
진실한 [zinsiljan]	sincero [신세로]
강한 [gangjan]	fuerte [후에르떼]
나약한 [nayak^{h}an]	débil [데빌]
솔직한 [solzzik^{h}an]	franco(a) [후랑꼬(까)]
친절한 [chinzəljan]	amable [아마블레]

너는 무엇이 더 좋니?
[nənɨn muəsi də zonni]

¿Qué prefieres?
[께 쁘레휘에레스]

48

나는 차보다 커피가 좋다.

[nanɨn chaboda $k^h əp^h$iga zot^ha]

설탕이 꿀보다 더 다니?

[$səlt^h$ang-i culboda də dani]

무슨 말! 설탕은 꿀보다 덜 달아.

[musɨn mal $səlt^h$ang-ɨn culboda dəl dara]

* 'A보다 B가 더 좋다'(gustar B más que A) o 'A보다 B가 덜 좋다'(gustar B menos que A) se puede expresar con el verbo '선호하다'(preferir), pero se cambia la estructura como '나는 차보다 커피를 선호한다.' en que sale el objeto del verbo '선호하다' que se hace con el sustantivo '선호' y el sufijo de verbalización '-하다'.
* '무슨' es el uso adjetival de 'qué' y '무엇' es el uso pronominal de 'qué'.

48

Prefiero café al té.

[쁘레휘에로 까훼 알 떼]

¿Es más dulce el azúcar que la miel?

[에스 마스 둘세 엘 아수까르 께 라 미엘]

¡Qué va! El azúcar es menos dulce que la miel.

[께 바 엘 아수까르 에스 메노스 둘세 께 라 미엘]

* 'preferir A a B'(B보다 A를 선호하다)는 다르게 'gustar más / menos'로 바꾸어 표현할 수 있다. 'gustar'는 간접목적 대명사와 반드시 함께 쓴다 :

  Me gusta café más que té.

  (나는 차보다 커피를 더 좋아한다.)

  Me gustan naranjas más que manzanas.

  (나는 사과보다 오렌지를 더 좋아한다.)

단어[danə]	El vocablo[엘 보까블로]
맛있는 [masinnɨn]	rico / sabroso / delicioso / exquisito [ㄹ리꼬 / 사브로소 / 델리시오소 / 에스끼시또]
맛없는 [madəmnɨn]	soso [소소]
쓴 [ssɨn]	amargo / agrio [아마르고 / 아그리오]
쓴 맛 [ssɨn mat]	la amargura [라 아마르구라]
신 [sin]	ácido [아시도]
신 맛 [sin mat]	la acidez [라 아시데스]
매운 [mɛun]	picante [삐깐떼]
매운 맛 [mɛun mat]	la picadura [라 삐까두라]
짠 [zzan]	salado [살라도]
단 [dan]	dulce / goloso / azucarado [둘세 / 골로소 / 아수까라도]
단맛 [danmat]	la dulzura [라 둘수라]
향기로운 [jyangguiroun]	fragante [후라간떼]
향기 [jyanggui]	la fragancia [라 후라간시아]
향수 [jyangsu]	el perfume [엘 뻬르후메]
향수가게 [jyangsugague]	la perfumería [라 뻬르후메리아]
악취 [akchwi]	la peste [라 뻬스떼]
악취나는 [akchwinanɨn]	mal oliente [말 올리엔떼]
설탕 [səlt^{h}ang]	el azúcar [아수까르]
꿀 [cul]	la miel [미엘]
소금 [sogɨm]	la sal [라 살]
후추 [juchu]	la pimienta [라 삐미엔따]
재치있는 [zɛchi-innɨn]	sal y pimienta [살 이 삐미엔따]

누가 순이에게 책을 주었니?
[nuga suniegue chɛguɨl zuənni]

49

내가 순이에게 책을 주었어.

[nɛga suniegue chɛguɨl zuəssə]

그래? 네가 주었어?

[guɨrɛ nega zuəssə]

앞으로는 나에게 먼저 말하지 않고 그러지 말아라.

[apʰɨronɨn naegue mənzə maljazi ankʰo guɨrəzi marara]

* '주었다' es el pasado del verbo '주다'(dar) con la desinencia de tiempo pasado '-ㅆ / -었 / -였' :
  가다(ir): 갔다
  먹다(comer): 먹었다
  공부하다(estudiar): 공부하였다
* Si se traduce directamente la oración española 'Se lo di.' al coreano sería '나는 그녀에게 그것을 주었다.', pero en el diálogo coreano se suele omitir los pronombres directos e indirectos, '주었다.'.
* '앞'(delantera) es sustantivo y con las posposiciones tiene varias funciones y el antónimo es '뒤'.

¿Quién dio el libro a Suni?
[끼엔 디오 엘 리브로 아 수니]

49

Yo di el libro a Suni.

[요 디 엘 리브로 아 수니]

¿Sí? ¿Se lo diste tú?

[시 세 로 디스떼 뚜]

En adelante no lo hagas sin decirme antes.

[엔 아델란떼 노 로 아가스 신 데시르메 안떼스]

* '¿Se lo diste tú?'에서 'se'는 순이에게(le)를 받는 간접목적대명사이고 'lo'는 '책'을 받는 직접목적대명사이다. 여기서 '-에게'와 '-를'이 모두 3인칭이므로 '-에게'를 'se'로 바꾸어 준 것이다.
* 'di / diste / dio'는 동사 'dar'(주다)의 직설법 불특정과거형이다.
* 'no lo hagas'는 'tú'(너)에 대한 부정명령으로 접속법현재형을 사용한 것이다. 'tú'와 'vosotros'의 긍정명령을 제외한 나머지 명령은 접속법어미를 사용한다.
* 'adelante'를 감탄사로 쓰면 '어서 / 해봐' 등의 뜻이 된다.

단어[danə]	El vocablo[엘 보까블로]
책 [chɛk]	el libro [엘 리브로]
언어학 [ənəjak]	la lingüística [라 링구이스띠까]
문학 [munjak]	la literatura [라 리떼라뚜라]
경제학 [gyəngzejak]	la economía [라 에꼬노미아]
정치학 [zəngchijak]	la política [라 뽈리띠까]
교육학 [gyoyukʰak]	la pedagogía [라 뻬다고히아]
법학 [bəpʰak]	el derecho [엘 데레초]
의학 [ɨijak]	la medicina [라 메디시나]
교육하다 [gyoyukʰada]	educar [에두까르]
교육 [gyoyuk]	la educación [라 에두까시온]
배움 [bɛum]	el aprendizaje [엘 아쁘렌디사헤]
선물하다 [sənmuljada]	regalar / obsequiar [ㄹ레갈라르 / 옵세끼아르]
선물 [sənmul]	el regalo / el obsequio [엘 ㄹ레갈로 / 엘 옵세끼오]
기념품 [guinyəmpʰum]	el recuerdo [엘 ㄹ레꾸에르도]
뇌물 [nømul]	el soborno [엘 소보르노]
기부하다 [guibujada]	donar / dotar [도나르 / 도따르]
기증 [guizɨng]	la donación / el dote [라 도나시온 / 엘 도떼]
지참금 [zichamguɨm]	el dote [엘 도떼]
헌납하다 [jənnapʰada]	ofrendar [오후렌다르]
월급 [wəlguɨp]	el salario / el sueldo [엘 살라리오 / 엘 수엘도]
보수 [bosu]	la remuneración [라 ㄹ레무네라시온]

순이가 들어왔을 때 너는 무엇을 하고 있었니?

[suniga dɨrəwassɨltɛ nənɨn muəsɨl jago issənni]

50

TV를 보고 있었습니다.

[tʰibirɨl bogo issətssɨmnida]

우리가 여행을 가려고 했을 때 너는 어디 있었니?

[uriga yəjɛng-ɨl garyəgo jɛssɨl tɛ nənɨn ədi issənni]

차를 닦고 있었습니다.

[charɨl dakco issətssɨmnida]

* '때'(la hora) es sustantivo, por eso se puede venir las posposiciones de varios sentidos como '때가(sujetiva) / 때를(acusativa) / 때의(posesiva)'.
* '들어왔다' es el pasado del verbo '들어오다'(entrar) en que '-ㅆ' la hace pasada, como '갔다' de '가다'(ir), '했다' de '하다'(hacer), '있었다' de '있다'(estar), etc..

¿Qué hacías cuando entró Suni?

[께 아시아스 꾸안도 엔뜨로 수니]

50

Estaba mirando la tele.

[에스따바 미란도 라 뗄레]

¿Dónde estuviste cuando íbamos de viaje?

[돈데 에스뚜비스떼 꾸안도 이바모스 데 비아헤]

Estaba limpiando el coche.

[에스따바 림삐안도 엘 꼬체]

* 직설법 불완료과거는 '과거에서 시간의 지속'을 표현하는 반면에 직설법 불특정 과거는 '과거에서 단회적 사실'을 표현한다.
* 'ir de viaje'(여행을 가다)는 과거에서 불완료과거형을 사용한다.
* 'hacías'는 동사 'hacer'(하다)의 직설법 불완료과거형이다.
* 'mirando'는 동사 'mirar'(보다)의 현재분사이다.
* 'limpiando'는 동사 'limpiar'(닦다)의 현재분사이다.

단어[danə]	El vocablo[엘 보까블로]
여가 [yəga]	el ocio [엘 오시오]
근무 [guɨnmu]	el servicio [엘 세르비시오]
근무시간 [guɨnmusigan]	la hora de obra [라 오라 데 오브라]
여행가다 [yəjɛnggada]	ir de viaje [이르 데 비아헤]
소풍가다 [sop^{h}unggada]	ir de excurción [이르 데 에스꾸르시온]
야외로 나가다 [yaøro nagada]	ir al campo [이르 알 깜뽀]
기타를 치다 [guit^{h}arɨl chida]	tocar la guitarra [또까르 라 기따ㄹ라]
피아노를 치다 [p^{h}ianorɨl chida]	tocar el piano [또까르 엘 삐아노]
산책하다 [sanchɛk^{h}ada]	pasear [빠세아르]
낚시하다 [nakssijada]	pescar [뻬스까르]
닦다 [dakta]	limpiar [림삐아르]
청결 [chənggyəl]	la limpieza [라 림삐에사]
위생 / 대청소 [wisɛng / dɛchəngso]	la higiene [라 이히에네]
보다 [boda]	mirar [미라르]
들어오다 [dɨrəoda]	entrar [엔뜨라르]
하다 [jada]	hacer [아세르]
수영하다 [suyəngjada]	nadar / bañarse [나다르 / 바냐르세]
말을 타다 [marɨl t^{h}ada]	montar a caballo [몬따르 아 까바요]
승마 [sɨngma]	la equitación [라 에끼따시온]
즐기다 [zɨlguida]	divertirse / distraerse [디베르띠르세 / 디스뜨라에르세]
오락 [orak]	la diversión / la distracción [라 디베르시온 / 라 디스뜨락시온]

언제 쇼핑하러 갈까?
[ənze syop^hingjarə galca]

¿Cuándo iremos de compras?
[꾸안도 이레모스 데 꼼쁘라스]

51

일을 마친 후에 갑시다.
[irɨl machin jue gapssida]

Habiendo terminado el trabajo, vayamos.
[아비엔도 떼르미나도 엘 뜨라바호 바야모스]

언제 식탁을 차릴까?
[ənze sikt^haguɨl charilca]

¿Cuándo pondremos la mesa?
[꾸안도 뽄드레모스 라 메사]

초대한 사람들이 도착한 후에 차립시다.
[chodɛjan saramdɨri dochak^han jue charipssida]

Habiendo llegado los invitados, la pongamos.
[아비엔도 예가도 로스 임비따도스 라 뽕가모스]

* '갈 것이다' es el futuro del verbo '가다'(ir) y su forma contractiva es '갈거다'. Y '갈까?' es la pregunta para nosotros, o sea, inclusive el que pregunta.
* '차릴 것이다' es el futuro del verbo '차리다'(poner) y su forma contractiva es '차릴거다'. Y '차릴까?' es la pregunta para nosotros, o sea, inclusive el que pregunta.
* En el coreano la concordancia de tiempo gramatical no es tan regular como el español.

* 'iremos'는 동사 'ir'(가다)의 직설법 미래형이다.
* 'pondremos'는 동사 'poner'(놓다)의 직설법 미래형이다.
* 'habiendo terminado'는 현재분사구문으로 조동사 'haber'와 본동사의 과거분사로 이루어져 있다. 다르게는 'después de haber terminado'가 된다. 이는 쇼핑을 가는 것보다 일을 끝내는 것이 먼저이므로 시제상 완료를 써야하기 때문이다. 즉 이 두 문장을 풀어보면 '일을 끝냈다. 그 후에 쇼핑을 간다'가 된다.

단어[danə]	El vocablo[엘 보까블로]
쇼핑하다 [syop^{h}ingjada]	ir de compras [이르 데 꼼쁘라스]
상을 차리다 [sang-ɨl charida]	poner la mesa [뽀네르 라 메사]
방문하다 [bangmunjada]	visitar [비시따르]
방문 [bangmun]	la visita [라 비시따]
초대하다 [chodɛjada]	invitar [임비따르]
초대 [chodɛ]	la invitación [라 임비따시온]
장식하다 [zansik^{h}ada]	decorar [데꼬라르]
장식 [zansik]	la decoración [라 데꼬라시온]
연회 [yənjø]	el banquete [엘 방께떼]
주인 [zuin]	el anfitrión / la anfitriona [엘 안휘뜨리온 / 라 안휘뜨리오나]
초대객 / 손님 [chodɛguɛk / sonnim]	los invitados [로스 임비따도스]
방문객 / 손님 [bangmunguɛk / sonnim]	los visitantes [로스 비시딴떼스]
연주회 [yənzujø]	el concierto [엘 꼰시에르또]
전시회 [zənsijø]	la exhibición [라 엑시비시온]
빨리 / 빠르게 [palri / parɨgue]	rápidamente [ㄹ라삐다멘떼]
일찍 [ilzzik]	pronto [쁘론또]
늦게 [nɨtque]	tarde [따르데]
가능한 일찍 [ganɨngjan ilzzik]	lo más pronto posible [로 마스 쁘론또 뽀시블레]
조금씩 [zoguɨmssik]	poco a poco / paso a paso [뽀꼬 아 뽀고 / 빠소 아 빠소]
느리게 / 천천히 [nɨrigue / chənchənji]	lentamente / pausadamente [렌따멘떼 / 빠우사다멘떼]
늦어도 [nɨzədo]	a más tardar [아 마스 따르다르]

당신은 언제부터 여기 사십니까?
[dangsinɨn ənzebutʰə yəgui sasimnica]

¿Desde cuándo vive usted aquí?
[데스데 꾸안도 비베 우스뗄 아끼]

52

2년 전부터 여기 삽니다.
[inyən zənbutʰə yəgui samnida]
당신은 언제부터 서 있습니까?
[dangsinɨn ənzebutʰə sə itssɨmnica]
2시간 전부터 서 있습니다.
[dusigan zənbutʰə sə itssɨmnida]

당신은 한국에 사신 지 얼마나 됐습니까?
[dangsinɨn jangugue sasin zi əlmana dwɛtssɨmnica]
2년 됐습니다.
[inyən dwɛtssɨmnida]

* '사시다' es el ustedeo del verbo '살다'(vivir).
* '전'(antes) es sustantivo y '부터'(desde) es posposición del sentido de partida.
* '서다'(estar de pie) es verbo y el antónimo es '앉다'(sentarse). '일어서다' quiere decir 'levantarse'.

52

Hace dos años que vivo aquí.
[아세 도스 아뇨스 께 비보 아끼]
¿Desde cuándo está de pie?
[데스데 꾸안도 에스따 데 삐에]
Estoy de pie desde hace dos horas.
[에스또이 데 삐에 데스데 아세 도스 오라스]
¿Cuánto tiempo lleva en Corea?
[꾸안또 띠엠뽀 예바 엥 꼬레아]

Llevo dos años.
[예보 도스 아뇨스]

* 시간의 경과를 표현할 때 'hace - que'의 형식을 쓴다.
* 'estar de pie'는 '서 있다'는 뜻이다.
* 동사 'vivir'(살다)
* 동사 'llevar'(가지고 있다 / 가지고 가다)

단어[danə]	El vocablo[엘 보까블로]
안에서 [anesə]	adentro [아덴뜨로]
밖에서 [baquesə]	afuera [아후에라]
살아있는 [sarainnɨn]	vivo [비보]
죽은 [zuguɨn]	muerto [무에르또]
신선한 [sinsənjan]	fresco [후레스꼬]
시든 [sidɨn]	marchito [마르치또]
이민오다 [iminoda]	imigrar [이미그라르]
이민가다 [imingada]	emigrar [에미그라르]
이민 [imin]	la imigración / la emigración [라 이미그라시온 / 라 에미그라시온]
이주민 [izumin]	el / la emigrante [엘 / 라 에미그란떼]
거주하다 [gəzujada]	habitar [아비따르]
주민 [zumin]	el habitante [엘 아비딴떼]
외국의 [øguguɨi]	extranjero [에스뜨랑헤로]
국내의 [gungnɛɨi]	nacional [나시오날]
국제의 [gukzzeɨi]	internacional [인떼르나시오날]
세계의 [segyeɨi]	mundial [문디알]
영주권 [yəngzucwən]	el carnet de residencia [엘 까르넨 데 ㄹ레시덴시아]
시민권 [simincwən]	el carnet de ciudadanía [엘 까르넨 데 시우다다니아]
권리 [gwəlri]	el poder [엘 뽀데르]
의무 [ɨimu]	el deber [엘 데베르]
봉사 [bongsa]	el servicio [엘 세르비시오]
조국 [zoguk]	la patria [라 빠뜨리아]

그녀에게 지금 전화해라.
[guɨnyəegue ziguɨm zənjwajɛra]

53

차라리 그녀에게 전화하지 마라.

[charari guɨnyəegue zənjwajazi mara]

지금 이 차를 고쳐라.

[ziguɨm i charɨl gochyəra]

차라리 그것을 고치지 마라.

[charari guɨgəsɨl gochizi mara]

여기 앉아라.

[yəgui anzara]

차라리 앉지 마라.

[charari anzzi mara]

너희들, 조용히 해라.

[nəjidɨl zoyongji jɛra]

차라리 조용히 하지 마라.

[charari zoyongji jazi mara]

* '-라' es la desinencia del imperativo afirmativo y '-지 마라' es el imperativo negativo para el tuteo. '-세요 / -십시오' es la forma de ustedeo para el imperativo afirmativo y '-지 마세요 / -지 마십시오' para el negativo.
* '조용하다'(tranquilo) es adjetivo.

Llámala ahora.
[야말라 아오라]

53

A lo mejor, no la llames.

[아 로 메호르 노 라 야메스]

Repara el coche ahora.

[ㄹ레빠라 엘 꼬체 아오라]

A lo mejor, no lo repares.

[아 로 메호르 노 로 ㄹ레빠레스]

Siéntate aquí.

[시엔따떼 아끼]

A lo mejor, no te sientes.

[아 로 메호르 노 떼 시엔떼스]

Callaos.

[까야오스]

A lo mejor, no os calléis.

[아 로 메호르 노 오스 까예이스]

* 명령에는 긍정명령과 부정명령이 있으며 긍정명령에서 유의할 점은 목적대명사를 명령형 동사 뒤에 붙여 쓰고 원래 동사의 강세 위치에 필요하면 강세부호를 붙인다는 것이다. 또한 재귀형동사의 경우 'nosotros'와 'vosotros'에 대한 긍정명령에서 어미 '-d'와 '-s'가 탈락되는 점에 유의해야 한다.

단어[danə]	El vocablo[엘 보까블로]
고치다 [gochida]	arreglar / reformar [아ㄹ레글라르 / ㄹ레호르마르]
수선 [susən]	el arreglo / la reforma [엘 아ㄹ레글로 / 라 ㄹ레호르마]
수정하다 [suzəngjada]	enmendar [엠멘다르]
수정 [suzəng]	la modificación / la enmienda [라 모디휘까시온 / 라 엠미엔다]
교정하다 [gyozəngjada]	corregir [꼬ㄹ레히르]
교정 [gyozəng]	la corrección [라 꼬ㄹ렉시온]
수리하다 [surijada]	reparar [ㄹ레빠라르]
수리 [suri]	la reparación [라 ㄹ레빠라시온]
올바른 [olbarɨn]	correcto / exacto [꼬ㄹ렉또 / 엑삭또]
틀린 [tʰɨlrin]	incorrecto / inexacto [잉꼬ㄹ렉또 / 인엑삭또]
열심인 [yəlssimin]	trabajoso [뜨라바호소]
부지런한 [buzirənjan]	diligente [딜리헨떼]
게으른 [gueɨrɨn]	perezoso [뻬레소소]
사용 중 [sayongzung]	ocupado [오꾸빠도]
비어있는 [biəinnɨn]	vacante / libre [바깐떼 / 리브레]
자리가 찼다 [zariga chatta]	estar ocupado [에스따르 오꾸빠도]
자리가 비었다 [zariga biətta]	estar libre [에스따르 리브레]
예의 바른 [yeɨi barɨn]	bien educado [비엔 에두까도]
예의 없는 [yeɨi əmnɨn]	mal educado [말 에두까도]
매매 [mɛmɛ]	la compra y venta [라 꼼쁘라 이 벤따]

앉아도 되겠습니까?
[anzado døguetssɨmnica]

54

물론입니다. 앉으십시오.

[mulronimnida anzɨsipssio]

담배를 피워도 되겠습니까?

[dambɛrɨl pʰiwədo døguetssɨmnica]

물론입니다. 피우십시오.

[mulronimnida pʰiusipssio]

먹읍시다.

[məguɨpssida]

그럽시다. 먹읍시다.

[guɨrəpssida məguɨpssida]

일어납시다.

[irənapssida]

그럽시다. 일어납시다.

[guɨrəpssida irənapssida]

* Para decir 'se puede?'(되겠습니까? / 됩니까? / 되요?) la desinencia del verbo se hace '-도', por ejemplo, '앉아도' del verbo '앉다'(sentarse) y '피워도' del verbo '피우다'(fumar).

* '-ㅂ시다' es la desinencia del imperativo para nosotros :

앉읍시다.(Vamos a sentarnos.)

갑시다.(Vayámonos.)

¿Puedo sentarme?
[뿌에도 센따르메]

54

Claro, siéntese.

[끌라로 시엔떼세]

¿Puedo fumar?

[뿌에도 후마르]

Claro, fume.

[끌라로 후메]

Vamos a comer.

[바모스 아 꼬메르]

¡Vale! Comamos.

[발레 꼬마모스]

Vamos a levantarnos.

[바모스 아 레반따르노스]

¡Vale! Levantémonos.

[발레 레반떼모노스]

* 'siéntese'는 동사 'sentarse'(앉다)의 'Ud.'(당신)에 대한 긍정명령이다.

* 'vamos a inf.'는 '-합시다'의 뜻으로 다르게는 접속법을 사용하여 표현한다 :

Vamos a levantarnos.(일어납시다.)

Levantémonos.(일어납시다.)

* 조동사 'poder'(할 수 있다)

* 동사 'levantarse'(일어나다)

* '¡Vale!'는 '좋다 / 동의하다'의 뜻으로 다르게는 '¡De acuerdo!'를 쓸 수 있다.

단어[danə]	El vocablo[엘 보까블로]
씹다 [ssipta]	masticar [마스띠까르]
마시다 [masida]	beber [베베르]
삼키다 [samk^{h}ida]	tragar [뜨라가르]
자동 판매기 [zadongp^{h}anmɛgui]	el tragaperras [엘 뜨라가뻬ㄹ라스]
금연 [guɨmyən]	No fumar [노 후마르] Está prohibido fumar. [에스따 쁘로이비도 후마르] Se prohibe fumar. [세 쁘로이베 후마르]
흡연자 [jɨbyənza]	el fumador [엘 후마도르]
담배 [dambɛ]	el cigarrillo / el tabaco [엘 시가ㄹ리요 / 엘 따바꼬]
시가 [siga]	el puro [엘 뿌로]
담배 가게 [dambɛ gague]	el estanco [엘 에스땅꼬]
담배 전문점 [dambɛ zənmunzəm]	la tabaquería [라 따바께리아]
가판대 [gap^{h}andɛ]	el quiosco [엘 끼오스꼬]
진열장 [zinyəlzzang]	la vitrina [라 비뜨리나]
수다떨다 [sudatəlda]	charlar [차를라르]
수다 [suda]	la charla [라 차를라]
대화하다 [dɛjwajada]	conversar / dialogar [꼼베르사르 / 디알로가르]
대화 [dɛjwa]	la conversación / el diálogo [라 꼼베르사시온 / 엘 디알로고]
노천까페 [nochəncap^{h}e]	la cafetería al aire libre [라 까훼떼리아 알 아이레 리브레]

책은 어디서 팝니까?
[chɛguɨn ədisə pʰamnica]

55

책방에서 팝니다.

[chɛkpang-esə pʰamnida]

우유를 어디서 삽니까?

[uyurɨl ədisə samnica]

우유 가게에서 삽니다.

[uyugagueesə samnida]

꽃을 어디서 팝니까?

[cochɨl ədisə pʰamnica]

꽃은 꽃 가게에서 팝니다.

[cochɨn cotcagueesə pʰamnida]

* El verbo '팔다'(vender) necesita el objeto como el español. Y la posposición acusativa es '-을 / -를'. Pero, en la oración donde no se expresa el sujeto-agente como la oración con 'se-pasiva' español se puede usar la posposición sujetiva '-은 / -는'.
* '어디'(dónde) es pronombre y su forma adjetival es '어느', por eso, se puede usar '어느 곳' en vez de '어디'.
* '사다'(comprar) es verbo.

¿Dónde se venden los libros?
[돈데 세 벤덴 로스 리브로스]

55

Se venden en la librería.

[세 벤덴 엔 라 리브레리아]

¿Dónde se compra leche?

[돈데 세 꼼쁘라 레체]

Se compra en la lechería.

[세 꼼쁘라 엔 라 레체리아]

¿Dónde se venden las flores?

[돈데 세 벤덴 라스 훌로레스]

Se venden en la florería.

[세 벤덴 엔 라 훌로레리아]

* 위의 문장들은 주어가 없는 문장들이다. 'libros / leche / flores'는 동사'vender'(팔다)나 동사'comprar'(사다)의 목적어이다. 이렇게 주어가 뚜렷하지 않을 때 'se'를 사용함으로써 목적어가 마치 주어처럼 기능하는 특이한 문장이 된다. 즉, '¿Dónde se compra leche?'에서 'leche'가 3인칭 단수이므로 'compra'가 되고 '¿Dónde se venden las flores?'에서는 'flores'가 3인칭 복수이므로 'venden'이 된 것이다.

단어[danə]	El vocablo[엘 보까블로]
책 [chɛk]	el libro [엘 리브로]
책방 [chɛkpang]	la librería [라 리브레리아]
우유 [uyu]	la leche [라 레체]
우유가게 [uyugague]	la lechería [라 레체리아]
꽃 [cot]	la flor [라 훌로르]
꽃가게 [cocague]	la florería [라 훌로레리아]
빵가게 [panggague]	la panadería [라 빠나데리아]
청과물가게 [chənggwamulgague]	la verdurería [라 베르두레리아]
정육점 [zəng-yukzzəm]	la carnicería [라 까르니세리아]
생선가게 [sɛngsəngague]	la pescadería [라 뻬스까데리아]
식료품점 [singnyop^humzəm]	la tienda de comestibles [라 띠엔다 데 꼬메스띠블레스]
구두점 [guduzəm]	la zapatería [라 사빠떼리아]
문방구 [munbanggu]	la papelería [라 빠뻴레리아]
철물점 [chəlmulzəm]	la ferretería [라 훼르레떼리아]
약국 [yakcuk]	la farmacia [라 화르마시아]
이발소 [ibalsso]	la barbería [라 바르베리아]
미용실 [miyongsil]	la peluquería / el salón de belleza [라 뻴루께리아 / 엘 살론 데 베예사]
피자가게 [p^hizagague]	la pizzería [라 삐세리아]
보석가게 [bosəkcague]	la joyería [라 호예리아]
고물상 [gomulssang]	la prendería [라 쁘렌데리아]
전당포 [zəndangp^{h}o]	la casa de empeño [라 까사 데 엠뻬뇨]
과일가게 [gwailgague]	la frutería [라 후루떼리아]

무엇을 해야 합니까?
[muəsɨl jεya jamnica]

¿Qué hay que hacer?
[께 아이 께 아세르]

56

환자들을 씻겨야 합니다. 환자들은 혼자서 씻을 수 없기 때문입니다.

[jwanzadɨrɨl ssitcyəya jamnida jwanzadɨrɨn jonzasə ssisɨlssu əpquitεmunimnida]

Hay que lavar a los enfermos, porque los enfermos no se pueden lavar solos.

[아이 께 라바르 아 로스 엔훼르모스 뽀르께 로스 엔훼르모스 노 세 뿌에덴 라바르 솔로스]

욕실에 누가 있습니까?

[yossire nuga itssɨmnica]

¿Hay alguien en el baño?

[아이 알기엔 엔 엘 바뇨]

예, 순이가 세수를 합니다.

[ye suniga sesurɨl jamnida]

Sí, Suni se lava la cara.

[시 수니 세 라바 라 까라]

* En '해야 합니까?' '해야' es del verbo transitivo '하다'(hacer) y '합니까' es del verbo auxiliar '하다'.
* '-야' es la desinencia de sentido de deber, 씻어야 한다.(Tengo que lavarme.) '-려 / -려고 / -고자' es la de sentido de futuro, 씻으려고 한다.(Voy a lavarme.) '-면 / -으면' es la de sentido de deseo, 씻었으면 한다.(Quiero lavarme.)
* '때문' es el sustantivo pendiente.

* 'hay que inf.'(누구라도 -해야 한다)는 항상 이 한 가지 형태로 쓰인다. 인칭에 따라 표현할 때는 동사 'deber'나 'tener que inf.'를 사용한다 :

  Tengo que lavarme.(나는 씻어야 한다.)

  Debo lavarme.(나는 씻어야 한다.)
* 'lavar'(씻기다)가 재귀화하여 'lavarse'(씻다)가 된다.
* 형용사 'solo'(혼자서)
* 'alguien'(누군가)은 불특정대명사이다. 'nadie'(아무도 아닌)는 영어의 'nobody'에 해당한다.

단어[danə]	El vocablo[엘 보까블로]
일어나다 [irənada]	levantarse [레반따르세]
일으키다 [irɨk^{h}ida]	levantar [레반따르]
앉다 [antta]	sentarse [센따르세]
앉히다 [anchida]	sentar [센따르]
씻다 [ssitta]	lavarse [라바르세]
씻기다 [ssitquida]	lavar [라바르]
샤워하다 [syawəjada]	ducharse [두차르세]
샤워시키다 [syawəsik^{h}ida]	duchar [두차르]
눕다 [nupta]	acostarse [아꼬스따르세]
눕히다 [nup^{h}ida]	acostar [아꼬스따르]
깨다 [quɛda]	despertarse [데스뻬르따르세]
깨우다 [quɛuda]	despertar [데스뻬르따르]
서다 [səda]	detenerse [데떼네르세]
잡다 [zapta]	detener [데떼네르]
자제하다 [zazejada]	dominarse [도미나르세]
정복하다 [zəngbok^{h}ada]	dominar [도미나르]
혼자서 [jonzasə]	solo / sola [솔로 / 솔라]
환자 [jwanza]	el enfermo / la enferma [엘 엔훼르모 / 라 엔훼르마]
간호사 [ganjosa]	el enfermero / la enfermera [엘 엔훼르메로 / 라 엔훼르메라]
병 [byəng]	la enfermedad [라 엔훼르메닫]
병원 [byəng-wən]	el hospital [엘 오스삐딸]
욕실 [yokssil]	el baño [엘 바뇨]
화장실 [jwazangsil]	el servicio [엘 세르비시오]

사람들은 아리랑이 한국의 가장 대중적인 노래라고 말합니까?
[saramdɨrɨn arirang-i janguguɨi gazang dɛzungzəguin norɛrago maljamnica]

57

예, 사람들은 아리랑이 한국의 가장 대중적인 노래라고 말합니다.

[ye saramdɨrɨn arirang-i janguguɨi gazang dɛzungzəguin norɛrago maljamnida]

사람들은 축구가 스페인의 국기라고 말합니까?

[saramdɨrɨn chukcuga sɨpheinɨi gukquirago maljamnica]

예, 사람들은 축구가 스페인의 국기라고 말합니다.

[ye saramdɨrɨn chukcuga sɨpheinɨi gukquirago maljamnida]

* '-적' es el sufijo de similitud.
* '-인' es la posposición de sentido descriptivo.
* La estructura 'dicen que / se dice que' equivale a la '-라고 말한다' y en el coreano sale o no sale el sujeto '사람들은'(la gente).

¿Dicen que Arirang es la canción más popular en Corea?
[디센 께 아리랑 에스 라 깐시온 마스 뽀뿔라르 엥 꼬레아]

57

Sí, se dice que Arirang es la canción más popular en Corea.

[시 세 디세 께 아리랑 에스 라 깐시온 마스 뽀뿔라르 엥 꼬레아]

¿Dicen que el fútbol es el deporte nacional de España?

[디센 께 엘 훋볼 에스 엘 데뽀르떼 나시오날 데 에스빠냐]

Sí, se dice que el fútbol es el deporte nacional de España.

[시 세 디세 께 엘 훋볼 에스 엘 데뽀르떼 나시오날 데 에스빠냐]

* 'dicen que / se dice que'(사람들은 -라고 말한다)는 늘 주어없이 표현되는 문장이다. 즉, 'Yo digo.'(나는 말한다.)에서 'yo'를 생략하고 'Digo.'라고 표현할 수 있지만 'dicen que'에서는 다른 어떤 생략된 주어가 없다는 뜻이다.
* 'la más popular'는 형용사 상대최상급이다.

단어[danə]	El vocablo[엘 보까블로]
대중적인 [dɛzungzəguin]	popular [뽀뿔라르]
노래 [norɛ]	canción [깐시온]
노래하다 [norɛjada]	cantar [깐따르]
축구 [chukcu]	el fútbol [엘 훋볼]
축구장 [chukcuzang]	el campo del fútbol [엘 깜뽀 델 훋볼]
축구하다 [chukcujada]	jugar al fútbol [후가르 알 훋볼]
축구선수 [chukcusənsu]	el futbolista / el jugador del fútbol [엘 훋볼리스따 / 엘 후가도르 델 훋볼]
운동선수 [undongsənsu]	el deportista [엘 데뽀르띠스따]
챔피언 [chɛmp^{h}iən]	el campeón [엘 깜뻬온]
챔피언십 [chɛmp^{h}iənsip]	el campeonato [엘 깜뻬오나또]
팀 [t^{h}im]	el equipo [엘 에끼뽀]
경쟁 [gyəngzɛng]	la competencia [라 꼼뻬뗀시아]
경쟁의식 [gyəngzɛng-ɨisik]	la rivalidad [라 ㄹ리발리닫]
라이벌 [raibəl]	el rival [엘 ㄹ리발]
월드컵 [wəldɨk^{h}əp]	la Copa Mundial de Fútbol / el Mundial de Fútbol [라 꼬빠 문디알 데 훋볼 / 엘 문디알 데 훋볼]
스페인 프로축구 1부 [sɨp^{h}ein p^{h}ɨrochukcu ilbu]	la Primera División de la liga [라 쁘리메라 디비시온 데 라 리가]
스포츠 [sɨp^{h}ochɨ]	el deporte [엘 데뽀르떼]
국기 [gukqui]	el deporte nacional [엘 데뽀르떼 나시오날]

남자아이와 여자아이가 서로 싸웁니까?
[namzaaiwa yəzaaiga səro ssaumnica]

¿Se pelean el niño y la niña?
[세 뻴레안 엘 니뇨 이 라 니냐]

58

예, 서로 싸웁니다.

[ye səro ssaumnida]

순이와 민수는 서로 사랑합니까?

[suniwa minsunɨn səro sarangjamnica]

예, 서로 사랑합니다.

[ye səro sarangjamnida]

마리아와 호세는 서로 편지합니까?

[mariawa josenɨn səro p^hyənzijamnica]

예, 서로 편지합니다.

[ye səro p^hyənzijamnida]

* '서로 / 서로서로'(uno a otro) es adverbio y se usa también como sustantivo :

  서로를 존중해야 한다.(Hay que respetarse uno a otro.)

* Se hacen algunos verbos con el sustantivo y el sufijo de verbalización '-하다' :

  사랑(amor) / 사랑하다(amar)

  편지(carta) / 편지하다(cartear)

58

Sí, se pelean uno a otro.

[시 세 뻴레안 우노 아 오뜨로]

¿Se aman Suni y Minsu?

[세 아만 수니 이 민수]

Sí, se aman mutuamente.

[시 세 아만 무뚜아멘떼]

¿Se cartean María y José?

[세 까르떼안 마리아 이 호세]

Sí, se cartean recíprocamente.

[시 세 까르떼안 ㄹ레시쁘로까멘떼]

* 동사들이 재귀화하여 '서로서로'의 뜻이 된다. 이 때 '서로서로'란 뜻의 부사구(uno a otro / unos a otros / mutuamente / recíprocamente)를 덧붙일 수 있다.
* 스페인어에서 부사는 강세가 두 군데 온다(mutuamente).
* 동사 'pelear'(싸우다)
* 동사 'amar'(사랑하다)
* 동사 'cartear'(편지하다)

단어[danə]	El vocablo[엘 보까블로]
서로서로 [səro səro]	uno a otro / unos a otros / recíprocamente / mutuamente [우노 아 오뜨로 / 우노스 아 오뜨로스 / ㄹ레시쁘로까멘떼 / 무뚜아멘떼]
싸우다 [ssauda]	pelear [뻴레아르]
서로 싸우다 [səro ssauda]	pelearse [뻴레아르세]
사랑하다 [sarangjada]	amar [아마르]
서로 사랑하다 [səro sarangjada]	amarse [아마르세]
편지하다 [pʰyənzijada]	cartear [까르떼아르]
서로 편지하다 [səro pʰyənzijada]	cartearse [까르떼아르세]
편지를 부치다 [pʰyənziril buchida]	echar la carta [에차르 라 까르따]
소포 [sopʰo]	el paquete [엘 빠께떼]
전보 [zənbo]	el telegrama [엘 뗄레그라마]
수취인 [suchwi-in]	el destinatario [엘 데스띠나따리오]
발송인 [balssong-in]	el remitente [엘 ㄹ레미뗀떼]
우체국 [ucheguk]	la casa de correos [라 까사 데 꼬ㄹ레오스]
돕다 [dopta]	ayudar [아유다르]
서로 돕다 [səro dopta]	ayudarse [아유다르세]
충고하다 [chunggojada]	consejar [꼰세하르]
서로 충고하다 [səro chunggojada]	consejarse [꼰세하르세]
웃다 [utta]	reír [ㄹ레이르]
서로 미소짓다 [səro misozitta]	reírse [ㄹ레이르세]
바라보다 [baraboda]	mirar [미라르]
서로 바라보다 [səro baraboda]	mirarse [미라르세]

순이는 어려운 학과들을 공부합니다.
[suninɨn əryəun jakcwadirɨl gongbujamnida]

Suni estudia las lecciones que son difíciles.
[수니 에스뚜디아 라스 렉시오네스 께 손 디휘실레스]

59

내가 글을 쓰는 연필은 크리스탈로 되어 있습니다.
[nɛga guirɨl ssɨnɨn yənpʰirɨn kʰɨrisɨtʰalro døə itssɨmnida]
순이가 듣고 있었던 고전음악은 모차르트의 것이다.
[suniga dɨtco issəttən gozənɨmaguɨn mocharɨtʰɨ-ɨi gəsida]
오늘 아침 내가 본 순이는 자기 동생을 찾고 있었다.
[onɨl achim nɛga bon suninɨn zagui dongsɛng-ɨl chatco issətta]

* Las oraciones relativas españolas se expresa en el coreano como si fuera una frase adjetival :
  '어려운 학과들'(las lecciones que son difíciles) en que '어려운' es la forma calificativa del adjetivo '어렵다'(difícil), y '내가 글을 쓰는 연필은'(el lápiz con que escribo) en que '-는' hace la oración anterior a la adjetiva.

59

El lápiz con que escribo es de cristal.
[엘 라삐스 꽁 께 에스끄리보 에스 데 끄리스딸]

La música clásica que estaba escuchando Suni es de Mozart.
[라 무시까 끌라시까 께 에스따바 에스꾸찬도 수니 에스 데 모짜르뜨]
Suni a quien he visto esta mañana buscaba a su hermano.
[수니 아 끼엔 에 비스또 에스따 마냐나 부스까바 아 수 에르마노]

* 관계문은 관계사를 사용하여 두 문장을 하나로 연결시킨다. 이 때 주의할 점은 관계사 앞에 나오는 전치사이다. 즉, 'escribir con'(-으로 쓰다)이므로 'con que'가 된 것이다. 또한 'ver a'(-를 보다)이므로 'a quien'이 된 것이다.

단어[danə]	El vocablo[엘 보까블로]
유리 [yuri]	el vidrio [엘 비드리오]
모자이크 [mozaikʰɨ]	el mosaico [엘 모사이꼬]
고전음악 [gozənɨmak]	la música clásica [라 무시까 끌라시까]
교향악 [gyojyang-ak]	la sinfonía [라 신포니아]
형제 [jyəngze]	el hermano [엘 에르마노]
형제애 [jyəngzeɛ]	la hermandad [라 에르만닫]
연필 [yənpʰil]	el lápiz [엘 라삐스]
색연필 [sɛngnyənpʰil]	el lápiz de color [엘 라삐스 데 꼴로르]
친구 [chingu]	el amigo [엘 아미고]
적 [zək]	el enemigo [엘 에네미고]
동료 [dongnyo]	la compañía [라 꼼빠니아]
쌍둥이 [ssangdung-i]	el gemelo [엘 헤멜로]
강도 [gangdo]	el robo [엘 ㄹ로보]
살인자 [sarinza]	el asesino [엘 아세시노]
공범 [gongbəm]	el cómplice [엘 꼼쁠리세]
소매치기 [somɛchigui]	el carterista [엘 까르떼리스따]
사기꾼 [saguicun]	el estafador [엘 에스따화도르]
속임수 [soguimsu]	el engaño [엘 엥가뇨]
죄수 [zøsu]	el preso [엘 쁘레소]
감옥 [gamok]	la cárcel [라 까르셀]
수감자 [sugamza]	el prisionero [엘 쁘리시오네로]
범죄자 [bəmzøza]	el criminal [엘 끄리미날]
	el delincuente [엘 델링꾸엔떼]

순이는 아름다운 목소리를 가진 앵무새 한 마리를 가지고 있다.
[suninɨn arɨmdaun mokssorirɨl gazin ɛngmusɛ jan marirɨl gazigo itta]

Suni tiene un loro cuya voz es bonita.
[수니 띠에네 운 로로 꾸야 보스 에스 보니따]

60

내가 이번 여름 여행한 마드리드는 스페인의 수도이다.
[nɛga ibən yərɨm yəjɛngjan madɨridɨnɨn sɨpʰeinɨi sudoida]

내가 일하는 회사는 우리 집에서 아주 멀리 있다.
[nɛga iljanɨn jøsanɨn uri zibesə azu məlri itta]

까를로스가 온 것은 토요일이었다.
[carɨlrosɨga on gəsɨn tʰoyoiriətta]

* '가지다'(tener) es verbo.
* '이번 여름'(este verano)
  '지난 여름'(el verano pasado)
  '올해'(este año)
  '작년'(el año pasado)
  '내년'(el año entrante)
* '여행하다'(viajar) es verbo.
* '일하다'(trabajar) es verbo.
* '오다'(venir) es verbo.

60

Madrid por donde he viajado este verano es la capital de España.
[마드릳 뽀르 돈데 에 비아하도 에스떼 베라노 에스 라 까삐딸 데 에스빠냐]

La compañía donde trabajo está muy lejos de mi casa.
[라 꼼빠니아 돈데 뜨라바호 에스따 무이 레호스 데 미 까사]

Fue el sábado cuando vino Carlos.
[후에 엘 사바도 꾸안도 비노 까를로스]

* 관계형용사인 'cuyo'는 뒤에 나오는 명사의 성과 수에 일치시킨다.
* 'donde'는 관계부사이다.
* 'cuando'는 관계부사이다.
* 'viajar por'(두루 여행하다)가 되므로 'por donde'가 된 것이다.
* 현재완료는 '무엇을 해본 적이 있다 / 없다'는 뜻으로도 사용된다.
* 'fue'는 동사 'ser'(-이다)의 직설법 불특정과거형이다.

단어[danə]	El vocablo[엘 보까블로]
동물 [dongmul]	el animal [엘 아니말]
새 [sɛ]	el pájaro [일 빠하로]
개 [guɛ]	el perro [엘 뻬ㄹ로]
고양이 [goyang-i]	el gato [엘 가또]
소 [so]	el torro / la vaca [엘 또ㄹ로 / 라 바까]
말 [mal]	el caballo / la yegua [엘 까바요 / 라 예구아]
돼지 [dwɛzi]	el cerdo [엘 세르도]
코끼리 [k^hoquiri]	el elefante [엘 엘레환떼]
호랑이 [jorang-i]	el tigre [엘 띠그레]
사자 [saza]	el león / la leona [엘 레온 / 라 레오나]
곰 [gom]	el oso [엘 오소]
원숭이 [wənsung-i]	el mono [엘 모노]
뱀 [bɛm]	la serpiente [라 세르삐엔떼]
고래 [gorɛ]	la ballena [라 바예나]
상어 [sang-ə]	el tiburón [엘 띠부론]
악어 [agə]	el cocodrilo [엘 꼬꼬드릴로]
닭 [dak]	el gallo / la gallina [엘 가요 / 라 가이나]
비둘기 [bidulgui]	la paloma [라 빨로마]
종달새 [zongdalssɛ]	la alondra [라 알론드라]
제비 [zebi]	la golondrina [라 골론드리나]
곤충 [gonchung]	el insecto [엘 인섹또]
개미 [guɛmi]	la hormiga [라 오르미가]
파리 [p^hari]	la mosca [라 모스까]
모기 [mogui]	el mosquito [엘 모스끼또]

사람들은 멀리 살고 있었어서
올 수가 없었다.
[saramdɨrɨn məlri salgo
issəssəsə olssuga əpssətta]

Las personas vivían lejos,
que no podían venir.
[라스 뻬르소나스 비비안 레호스
께 노 뽀디안 베니르]

61

순이는 항상 늦게 오는데, 이것이 나를 화나게 한다.

[suninɨn jangsang nɨtque onɨnde igəsi naril jwanague janda]

크게 벌여 놓은 자는 실속이 없다.

[kʰɨgue bərya noɨn zanɨn silssogui əpta]

하나님은 부지런한 자를 돕는다.

[jananimɨn buzirənjan zarɨl domnɨnda]

옳지 않은 사람은 순이였다.

[olchi anɨn saramɨn suniyətta]

* '순이는 항상 늦게 오는데, 이것이 나를 화나게 한다.' es la traducción directa del español al coreano cuya interpretación coreana más conversacional es '순이가 항상 늦게오기 때문에 나는 화가 난다.' en que '때문'(razón) es el sustantivo pendiente.
* '옳다'(razonable / correcto) es adjetivo.

61

Suni viene siempre tarde, lo que me fastidia.

[수니 비에네 시엠쁘레 따르데 로 께 메 화스띠디아]

Quien mucho abarca, poco aprieta.

[끼엔 무초 아바르까 뽀꼬 아쁘리에따]

A quien madruga, Dios le ayuda.

[아 끼엔 마드루가 디오스 레 아유다]

Fue Suni la que no llevaba razón.

[후에 수니 라 께 노 예바바 ㄹ라손]

* 앞 문장에 쉼표가 있고 관계절이 나오면 계속적으로 해석한다.
* 'lo que'는 앞 문장 전체를 받는 관계사이다.
* 'Quien mucho abarca'에서 'quien'은 선행사를 포함하고 있는 것으로 다르게는 'el que / los que'로 바꾸어 쓸 수 있다.

단어[danə]	El vocablo[엘 보까블로]
양념 [yangnyəm]	el condimiento [엘 꼰디미엔또]
소스 [sosɨ]	la salsa [라 살사]
간장 [ganzang]	la salsa de soya [라 살사 데 소야]
식초 [sikcho]	el vinagre [엘 비나그레]
마요네즈 [mayonezɨ]	la mayonesa [라 마요네사]
기름 [guirɨm]	el aceite [엘 아세이떼]
쌀 [ssal]	el arroz [엘 아ㄹ로스]
보리 [bori]	la cebada [라 세바다]
찹쌀 [chapssal]	el arroz pegajoso [엘 아ㄹ로스 뻬가호소]
밀 [mil]	el trigo [엘 뜨리고]
밀가루 [milcaru]	la harina [라 아리나]
과일 [gwail]	la fruta [라 후루따]
사과 [sagwa]	la manzana [라 만사나]
딸기 [talgui]	la fresa [라 후레사]
수박 [subak]	la sandía [라 산디아]
멜론 [melron]	el melón [엘 멜론]
바나나 [banana]	el plátano [엘 쁠라따노]
오렌지 [orenzi]	la naranja [라 나랑하]
체리 [cheri]	la cereza [라 세레사]
포도 [pʰodo]	la uva [라 우바]
배 [bɛ]	la pera [라 뻬라]
파인애플 [pʰainɛpʰɨl]	la piña [라 삐냐]
복숭아 [bokssung-a]	el durazno [엘 두라스노]
천도복숭아 [chəndobokssung-a]	el melocotón [엘 멜로꼬똔]

먹으면 먹을수록 살이 찐다.
[məguɨmyən məguɨlssurok sari zzinda]

62

산업이 발달하면 할수록 공해가 심해진다.

[sanəbi baltaljamyənjalssurok gongjɛga simjɛzinda]

네 말을 들으면 듣는 만큼 내 머리가 아파진다.

[ne marɨl dɨrɨmyən dɨnnɨn mankʰɨm nɛ məriga apʰazinda]

* '-면 -ㄹ수록/-ㄴ만큼 더/보다 더' (cuanto más -, tanto más -) en que '더/보다 더'(tanto más-) se puede omitir.
* En '건강해지다'(hacerse saludable) el sufijo '-지' hace el verbo activo '건강하다' (estar saludable) al verbo pasivo, y se pasa lo mismo en '아파지다'(ponerse mal) del adjetivo '아프다'(estar mal).

Cuanto más se come, tanto más se engorda.
[꾸안또 마스 세 꼬메 딴또 마스 세 엥고르다]

62

Cuanto más se desarrolla la industria, tanto más hay contaminación.

[꾸안또 마스 세 데사ㄹ로야 라 인두스뜨리아 딴또 마스 아이 꼰따미나시온]

Cuanto más te oigo, tanto más me duele la cabeza.

[꾸안또 마스 떼 오이고 딴또 마스 메 두엘레 라 까베사]

* 'cuanto más -, tanto más -'는 '-하면 -할수록'의 뜻이다.
* 'Cuanto más se come, tanto más se engorda.'에서 3인칭 단수인 'se come'나 'se engorda'는 '누구라도 그렇다'는 뜻으로 사용한 'se'이며 이는 주어 없이 쓰는 3인칭 복수로 바꾸어 쓸 수 있다(comen / se engordan).
* 동사 'hacer'(만들다)가 재귀형이 되면 'hacerse'(-하게 되다)가 된다.
* 'doler'(아프다)는 'gustar'처럼 간접목적격대명사와 함께 쓰인다(me duele).

단어[danə]	El vocablo[엘 보까블로]
뼈 [pyə]	el hueso [엘 우에소]
껍집 [cəpzzil]	la piel [라 삐엘]
비계 [bigye]	la grasa [라 그라사]
간 [gan]	el hígado [엘 이가도]
해산물 [jɛsanmul]	el marisco [엘 마리스꼬]
오징어 [ozing-ə]	el calamar [엘 깔라마르]
문어 [munə]	el pulpo [엘 뿔뽀]
게 [gue]	el cangrejo [엘 깡그레호]
새우 [sɛu]	el camarón [엘 까마론]
바다가재 [badagazɛ]	la langosta [라 랑고스따]
조개 [zoguɛ]	el mejillón [엘 메히욘]
바지락 [bazirak]	la almeja [라 알메하]
불가사리 [bulgasari]	la estrella de mar [라 에스뜨레야 데 마르]
해삼 [jɛsam]	el pepino de mar / el cohombro de mar [엘 뻬삐노 데 마르 / 엘 꼬옴브로 데 마르]
해마 [jɛma]	el caballo de mar [엘 까바요 데 마르]
야채 [yachɛ]	la verdura [라 베르두라]
양상치 [yangsangchi]	la lechuga [라 레추가]
양파 [yangpʰa]	la cebolla [라 세보야]
토마토 [tʰomatʰo]	el tomate [엘 또마떼]
오이 [oi]	el pepino [엘 뻬삐노]

나는 그가 오늘 돌아온다고 믿는다.
[nanɨn guɨga onɨl doraondago minnɨnda]

Creo que él regresa hoy.
[끄레오 께 엘 ㄹ레그레사 오이]

63

나는 그가 오늘 돌아온다고 믿지 않는다.
[nanɨn guɨga onɨl doraondago mitzzi annɨnda]

나는 네가 집에 있기를 바란다.
[nanɨn nega zibe itquirɨl baranda]

나는 네가 지금 나가는 것을 허락한다.
[nanɨn nega ziguɨm naganɨn gəsɨl jərakʰanda]

당신이 좋아져서 기쁩니다.
[dangsini zoazyəsə guipɨmnida]

* '나는 그가 오늘 돌아온다고 믿지 않는다.' se puede decir como '나는 그가 오늘 돌아온다는 것을 믿지 않는다.'. '-고' es la desinencia de nexo y '것' es el sustantivo pendiente que agrupa la anterior detrás de la desinencia explicativa '-는' :

  크고 작은(grande y pequeño)

  넓고 넓은(muy ancho)

* '있기' es la forma sustantivada del verbo '있다'(estar).

No creo que él regrese hoy.
[노 끄레오 께 엘 ㄹ레그레세 오이]

Espero que te quedes en casa.
[에스뻬로 께 떼 께데스 엥 까사]

Te permito que salgas ahora.
[떼 뻬르미또 께 살가스 아오라]

Me alegro que esté mejor.
[메 알레그로 께 에스떼 메호르]

* 주절의 동사가 'creer'(믿다) 등이 오면 종속절에서 직설법을 사용하고 '의심(no creer) / 기대(esperar) / 허락(permitir) / 감정(alegrarse)' 등의 동사가 오면 종속절에서 접속법을 사용한다.
* 'regrese'는 동사 'regresar'(돌아오다)의 접속법 현재형이다.
* 'te quedes'는 동사 'quedarse'(머물다)의 접속법 현재형이다.
* 'salgas'는 동사 'salir'(나가다)의 접속법 현재형이다.

단어[danə]	El vocablo[엘 보까블로]
올리브 [olribɨ]	la aceituna [라 아세이뚜나]
호박 [jobak]	la calabaza [라 깔라바사]
시금치 [siguɨmchi]	la espinaca [라 에스삐나까]
당근 [dangguɨn]	la zanahoria [라 사나오리아]
배추 [bɛchu]	la col oriental / la col china [라 꼴 오리엔딸 / 라 꼴 치나]
고추 [gochu]	el chile / el aji [엘 칠레 / 엘 아히]
무 [mu]	el nabo [엘 나보]
파 [$p^{h}a$]	el puerro [엘 뿌에ㄹ로]
콩 [$k^{h}ong$]	el frijol / la judía [엘 후리홀 / 라 후디아]
렌즈콩 [renzɨk^{h}ong]	la lenteja [라 렌떼하]
마늘 [manɨl]	el ajo [엘 아호]
버섯 [bəsət]	el hongo [엘 옹고]
양송이버섯 [yangsong-ibəsət]	el champiñón [엘 참삐뇬]
대추 [dɛchu]	el dátil [엘 다띨]
생강 [sɛnggang]	el jengibre [엘 헹히브레]
방 [bang]	el cuarto / la habitación [엘 꾸아르또 / 라 아비따시온]
침실 [chimsil]	el dormitorio [엘 도르미또리오]
거실 [gəsil]	la sala de estar [엘 살라 데 에스따르]
부엌 [buək]	la cocina [라 꼬시나]
식당 [siktang]	el comedor [엘 꼬메도르]
욕실 [yokssil]	el cuarto de baño [엘 꾸아르또 데 바뇨]

나는 너에게 그를 도와주라고 말한다.
[nanɨn nəegue guirɨl dowazurago maljanda]

Te digo que le ayudes.
[떼 디고 께 레 아유데스]

64

나는 너에게 그를 도와주라고 말했다.
[nanɨn nəegue guirɨl dowazurago maljɛtta]

Te dije que le ayudaras.
[떼 디헤 께 레 아유다라스]

나는 네가 과수원에 들어가는 것을 금한다.
[nanɨn nega gwasuwəne dɨrəganɨn gəsɨl guɨmjanda]

Te prohibo que entres en el huerto.
[떼 쁘로이보 께 엔뜨레스 엔 엘 우에르또]

나는 네가 과수원에 들어가는 것을 금했다.
[nanɨn nega gwasuwəne dɨrəganɨn gəsɨl guɨmjɛtta]

Te prohibí que entraras en el huerto.
[떼 쁘로이비 께 엔뜨라라스 엔 엘 우에르또]

* La concordancia de tiempo coreana no es tan rigurosa como el español. Concentrándose en el verbo principal los demás verbos que salen en la oración adjetival se escribe con el tiempo presente o futuro :
'떠날 것을 명했다.' es del verbo principal '명했다'(ordené) y del verbo de la oración adjetival '떠날'(va a salir).

* 'dije'는 동사 'decir'(여기서는 '명령하다'는 뜻)의 직설법 불특정과거형이므로 종속절에 동사 'ayudar'(돕다)의 접속법 과거형을 쓴 것이다.
* 'prohibí'는 동사 'prohibir'(금하다)의 직설법 불특정과거형이므로 종속절에 동사 'entrar'(들어가다)의 접속법 과거형을 쓴 것이다.

단어[danə]	El vocablo[엘 보까블로]
지하실 [zijasil]	el sótano [엘 소따노]
테라스 [t^herasɨ]	la terraza [라 떼ㄹ라사]
발코니 [$balk^h$oni]	el balcón [엘 발꼰]
임대 [imdɛ]	el alquiler [엘 알낄레르]
전등 [zəndɨng]	la lámpara [라 람빠라]
차고 [chago]	el garaje [엘 가라헤]
옷장 [otzzang]	el armario [엘 아르마리오]
세면대 [semyəndɛ]	el lavabo [엘 라바보]
수건 [sugən]	la toalla [라 또아야]
소파 [sop^ha]	el sofá [엘 소화]
의자 [ɨiza]	la silla [라 시야]
탁자 [t^hakzza]	la mesa [라 메사]
침대 [chimdɛ]	la cama [라 까마]
베개 [beguɛ]	la almohada [라 알모아다]
마루 [maru]	el suelo [엘 수엘로]
계단 [gyedan]	la escalera [라 에스깔레라]
천정 [chənzəng]	el techo [엘 떼초]
커튼 [k^hət^hɨn]	la cortina [라 꼬르띠나]
아파트 [ap^hat^hɨ]	el piso / el apartamento [엘 삐소 / 엘 아빠르따멘또]
난방 [nanbang]	la calefacción [라 깔레확시온]
냉장고 [nɛngzanggo]	la nevera / el refrigerador [라 네베라 / 엘 ㄹ레후리헤라도르]
텔레비전 [t^helrebizən]	la televisión [라 뗄레비시온]
전화기 [zənjwagui]	el teléfono [엘 뗄레호노]

그녀는 마치 여자아이처럼 운다.
[guɨnyənɨn machi yəzaaichərəm unda]

Ella llora como si fuera una niña.
[에야 요라 꼬모 시 후에라 우나 니냐]

65

그녀는 마치 여자아이처럼 울었다.
[guɨnyənɨn machi yəzaaichərəm urətta]

Ella lloraba como si fuera una niña.
[에야 요라바 꼬모 시 후에라 우나 니냐]

그는 마치 장군처럼 행동한다.
[guɨnɨn machi zanggunchərəm jɛngdongjanda]

Él se comporta como si fuera un general.
[엘 세 꼼뽀르따 꼬모 시 후에라 웅 헤네랄]

그는 마치 장군처럼 행동했다.
[guɨnɨn machi zanggunchərəm jɛngdongjɛtta]

Él se comportaba como si fuera un general.
[엘 세 꼼뽀르따바 꼬모 시 후에라 웅 헤네랄]

그는 마치 벙어리처럼 중얼거린다.
[guɨnɨn machi bəng-ərichərəm zung-əlgərinda]

Él murmura como si fuera un mudo.
[엘 무르무라 꼬모 시 후에라 움 무도]

그는 마치 벙어리처럼 중얼거렸다.
[guɨnɨn machi bəng-ərichərəm zung-əlgəryətta]

Él murmuraba como si fuera un mudo.
[엘 무르무라바 꼬모 시 후에라 움 무도]

* 'como si'(마치 -처럼) en que '마치'(igual) es adverbio y '-처럼' es la posposición comparativa.

* 'como si'(마치 -처럼)와는 항상 접속법 과거를 사용한다.
* 'fuera'는 동사 'ser'(-이다)의 접속법 과거형이다.

단어[danə]	El vocablo[엘 보까블로]
장군 [zanggun]	el general [엘 헤네랄]
대령 [dɛryəng]	el coronel [엘 꼬로넬]
중령 [zungnyəng]	el tenientecoronel [엘 떼니엔떼꼬로넬]
소령 [soryəng]	el comandante [엘 꼬만단떼]
대위 [dɛwi]	el capitán [엘 까삐딴]
중위 [zung-wi]	el teniente [엘 떼니엔떼]
소위 [sowi]	el segundo teniente [엘 세군도 떼니엔떼]
상사 [sangsa]	el sargento [엘 사르헨또]
육군 [yukcun]	las Fuerzas Terrestres [라스 후에르사스 떼ㄹ레스뜨레스]
해군 [jɛgun]	las Fuerzas Navales [라스 후에르사스 나발레스]
공군 [gonggun]	las Fuerzas Aéreas [라스 후에르사스 아에레아스]
군대 [gundɛ]	el ejército [엘 에헤르시또]
경찰 [gyəngchal]	la policía [라 뽈리시아]
경찰서 [gyəngchalssə]	la estación de policía [라 에스따시온 데 뽈리시아]
형사 [jyəngsa]	el detective [엘 데떽띠베]
함대 [jamdɛ]	la escuadra [라 에스꾸아드라]
잠수함 [zamsujam]	el submarino [엘 숩마리노]
전투 [zənt^{h}u]	el combate [엘 꼼바떼]

내가 돈이 있다면 스페인으로 여행을 가겠지만.
[nɛga doni ittamyən sɨpʰeinɨro yəjɛng-ɨl gaguetzziman

Si tuviera dinero, viajaría por España.
[시 뚜비에라 디네로 비아하리아 뽀르 에스빠냐]

66

내가 돈이 있었다면 스페인으로 여행을 갔었겠지만.

[nɛga doni issəttamyən sɨpʰeinɨro yəjɛng-ɨl gassətquetzziman]

당신이 나를 도와준다면 곧 끝낼 수 있겠지만.

[dangsini narɨl dowazundamyən got quɨnnɛl ssu itquetzziman]

당신이 나를 도와주었더라면 곧 끝낼 수 있었겠지만.

[dangsini narɨl dowazuəttəramyən got quɨnnɛl ssu issətquetzziman]

Si hubiera tenido dinero, habría viajado por España.

[시 우비에라 떼니도 디네로 아브리아 비아하도 뽀르 에스빠냐]

Si me ayudara, terminaría pronto.

[시 메 아유다라 떼르미나리아 쁘론또]

Si me hubiera ayudado, habría terminado pronto.

[시 메 우비에라 아유다도 아브리아 떼르미나도 쁘론또]

* '내가 돈이 있다면'(presente) es la oración adverbial, y se concuerda el tiempo como '내가 돈이 있었다면'(pasado).
* '-었' es la desinencia del tiempo pasado.
* '-ㄴ다면' es la desinencia de suposición del tiempo presente y '-ㅆ었더라면' es del tiempo pasado.

* 가정문에서 현재 사실의 반대를 표현할 때는 'si + 접속법 과거, 접속법 과거 / 가상미래 단순형'으로, 과거 사실의 반대를 표현할 때는 'si + 접속법 과거완료, 접속법 과거완료 / 가상미래 복합형'으로 만든다. 따라서 위 문장에서 'viajaría'는 'viajara'로, 'habría viajado'는 'hubiera viajado'로 바꾸어 쓸 수 있다.

단어[danə]	El vocablo[엘 보까블로]
관광 [gwangwang]	el turismo [엘 뚜리스모]
관광객 [gwangwangguɛk]	el / la turista [엘 / 라 뚜리스따]
등산객 [dɨngsanguɛk]	el / la alpinista [엘 / 라 알삐니스따]
하이킹 [jaikʰing]	la caminata [라 까미나따]
여행자 [yəjɛngza]	el viajero / la viajera [엘 비아헤로 / 라 비아헤라]
여행사 [yəjɛngsa]	la agencia de viaje [라 아헨시아 데 비아헤]
호수 [josu]	el lago [엘 라고]
숲 [sup]	el bosque [엘 보스께]
산 [san]	la montaña [라 몬따냐]
텐트 [tʰentʰɨ]	la tienda [라 띠엔다]
파라솔 [pʰarasol]	la sombrilla [라 솜브리야]
호텔 [jotʰel]	el hotel [엘 오뗄]
해변 [jɛbyən]	la playa [라 쁠라야]
바다 [bada]	el mar [엘 마르]
모래 [morɛ]	la arena [라 아레나]
반도 [bando]	la península [라 뻬닌술라]
항구 [janggu]	el puerto [엘 뿌에르또]
사막 [samak]	el desierto [엘 데시에르또]
산맥 [sanmɛk]	la sierra [엘 시에ㄹ라]
지도 [zido]	el mapa [엘 마빠]
국경 [gukcyəng]	la frontera [라 후론떼라]
해안 [jɛan]	la costa [라 꼬스따]
평야 [pʰyəng-ya]	el llano [엘 야노]

제발 비가 그쳤으면!
[zebal biga guɨchyəssɨmyən]

67

제발 비가 그쳤으면!

[zebal biga guɨchyəssɨmyən]

제발 폭풍이 그쳤으면!

[zebal pʰokpʰung-i guɨchyəssɨmyən]

제발 안개가 사라졌으면!

[zebal anguɛga sarazyəssɨmyən]

제발 해가 났으면!

[zebal jɛga nassɨmyən]

* '제발'(¡Ojalá!) es adverbio.
* '그쳤으면'(¡Ojalá cese -! / ¡Ojalá cesara -!) en que '-었' es la desinencia del tiempo pasado y '-으면' es la desinencia de deseo. También se puede usar la forma del presente '-면' :

  비가 그치면 좋겠다.

  (Me alegro de que deje de llover.)

¡Ojalá deje de llover!
[오할라 데헤 데 요베르]

67

¡Ojalá dejara de llover!

[오할라 데하라 데 요베르]

¡Ojalá cese la tempestad!

[오할라 세세 라 뗌뻬스딷]

¡Ojalá cesara la tempestad!

[오할라 세사라 라 뗌뻬스딷]

¡Ojalá desaparezca la niebla!

[오할라 데사빠레스까 라 니에블라]

¡Ojalá desapareciera la niebla!

[오할라 데사빠레시에라 라 니에블라]

¡Ojalá aparezca el sol!

[오할라 아빠레스까 엘 솔]

¡Ojalá apareciera el sol!

[오할라 아빠레시에라 엘 솔]

* '¡Ojalá!'는 기원을 표현하는 감탄사로 접속법을 사용하며 그 실현 가능성이 희박하면 접속법 과거를 써 준다.
* 'dejar de inf.'(그만두다)
* 동사 'cesar'(그치다)
* 동사 'desaparecer'(사라지다)
* 동사 'aparecer'(나타나다)

단어[danə]	El vocablo[엘 보까블로]
폭포 [pʰokpʰo]	la cascada [라 까스까다]
화산 [jwasan]	el volcán [엘 볼깐]
목장 [mokzzang]	el prado [엘 쁘라도]
대통령 [dɛtʰongnyəng]	el presidente / la presidenta [엘 쁘레시덴떼 / 라 쁘레시덴따]
부통령 [butʰongnyəng]	el vicepresidente / la vicepresidenta [엘 비세쁘레시덴떼 / 라 비세쁘레시덴따]
시장 [sizang]	el alcalde / la alcaldesa [엘 알깔데 / 라 알깔데사]
국회의원 [gukʰøɨiwən]	el diputado / la diputada [엘 디뿌따도 / 라 디뿌따다]
장관 [zanggwan]	el ministro / la ministra [엘 미니스뜨로 / 라 미니스뜨라]
국무총리 [gungmuchongni]	el primer ministro / la primera ministra [엘 쁘리메르 미니스뜨로 / 라 쁘리메라 미니스뜨라]
국무성 [gungmusəng]	el Ministerio de Estado [엘 미니스떼리오 데 에스따도]
외무성 [ømusəng]	el Ministerio de Exteriores [엘 미니스떼리오 데 에스떼리오레스]
내무성 [nɛmusəng]	el Ministerio de Interiores [엘 미니스떼리오 데 인떼리오레스]

네가 아무리 서둘러도 제 시간에 도착하지 못할 것이다.

[nega amuri sədulrədo ze sigane dochak^{h}azi mot^{h}al cəsida]

68

네가 아무리 서둘렀어도 제 시간에 도착하지 못했을 것이다.

[nega amuri sədulrəssədo ze sigane dochak^{h}azi mot^{h}ɛssɨl cəsida]

당신이 아무리 노력해도 성공하지 못할 것입니다.

[dangsini amuri noryək^{h}ɛdo sənggongjazi mot^{h}al cəsimnida]

당신이 아무리 노력했었어도 성공하지 못했을 것입니다.

[dangsini amuri noryək^{h}ɛssəssədo sənggongjazi mot^{h}ɛssɨl cəsimnida]

* '서둘러도' en que '-ㄹ' es la desinencia de futuro y '-러도 / -어도 / -도' es la desinencia adversativa del verbo '서두르다'(apurarse).
* '노력해도' en que '-도' es la desinencia adversativa del verbo '노력하다'(esforzarse) cuya forma verbalizada es del sustantivo '노력'(el esfuerzo).

Por más que te apures, no llegarás a tiempo.

[뽀르 마스 께 떼 아뿌레스 노 예가라스 아 띠엠뽀]

68

Por más que te apuraras, no llegarías a tiempo.

[뽀르 마스 께 떼 아뿌라라스 노 예가리아스 아 띠엠뽀]

Por más que haga esfuerzo, no tendrá éxito.

[뽀르 마스 께 아가 에스후에르소 노 뗀드라 엑시또]

Por más que hiciera esfuerzo, no tendría éxito.

[뽀르 마스 께 이시에라 에스후에르소 노 뗀드리아 엑시또]

* 'por más que-'에서 종속절에 접속법을 사용한다. 왜냐하면 '아무리 -해도'라는 뜻으로 불확실함을 말하기 때문이다.
* 동사 'apurarse'(서두르다)는 다르게는 'darse prisa'를 쓸 수 있다.
* 동사 'hacer esfuerzo'(노력하다)

단어[danə]	El vocablo[엘 보까블로]
색 [sɛk]	el color [엘 꼴로르]
하양 [jayang]	blanco [블랑꼬]
검정 [gəmzəng]	negro [네그로]
노랑 [norang]	amarillo [아마리요]
파랑 [pʰarang]	azul [아술]
초록 [chorok]	verde [베르데]
빨강 [palgang]	rojo [ㄹ로호]
회색 [jøsɛk]	gris [그리스]
보라 [bora]	violeta [비올레따]
분홍 [bunjong]	rosado [ㄹ로사도]
밤색 [bamsɛk]	marrón / castaño [마ㄹ론 / 까스따뇨]
하늘색 [janɨlssɛk]	celeste [셀레스떼]
금색 [guɨmsɛk]	dorado [도라도]
은색 [ɨnsɛk]	plateado [쁠라떼아도]
자주색 [zazusɛk]	púrpura [뿌르뿌라]
주황색 [zujwangsɛk]	naranja [나랑하]
몸 [mom]	el cuerpo [엘 꾸에르뽀]
얼굴 [əlgul]	la cara [라 까라]
피부 [pʰibu]	la piel [라 삐엘]
털 [tʰəl]	el pelo [엘 뻴로]
머리 [məri]	la cabeza [라 까베사]
머리카락 [mərikʰarak]	el pelo / el cabello [엘 뻴로 / 엘 까베요]
눈 [nun]	los ojos [로스 오호스]
눈썹 [nunssəp]	la ceja [라 세하]
속눈썹 [songnunssəp]	la pestaña [라 뻬스따냐]

그는 항의할 것이라고 말한다.
[guɨnɨn jang-ɨijal cəsirago maljanda]

Él dice que protestará.
[엘 디세 께 쁘로떼스따라]

69

그는 항의할 것이라고 말했다.

[guɨnɨn jang-ɨijal cəsirago maljɛtta]

정부는 곧 국민투표가 있을 것이라고 공표한다.

[zəngbunɨn got gungmintʰupʰyoga issɨl cəsirago gongpʰyojanda]

정부는 곧 국민투표가 있을 것이라고 공표했다.

[zəngbunɨn got gungmintʰupʰyoga issɨl cəsirago gongpʰyojɛtta]

* '항의할 / 있을' en que '-ㄹ' es la desinencia de futuro.
* '것이라고' en que '것' es el sustantivo pendiente y '-이라고' es la posposición de citar el dicho de otros.
* '말했다' es el tiempo pasado del verbo '말하다'(decir).
* '공표했다' es el tiempo pasado del verbo '공표하다'(divulgar).
* '투표'(la votación) es sustantivo y '투표하다' (votar) es verbo.

69

Él dijo que protestaría.

[엘 디호 께 쁘로떼스따리아]

El gobierno divulga que habrá referéndum.

[엘 고비에르노 디불가 께 아브라 ㄹ레훼렌둠]

El gobierno divulgó que habría referéndum.

[엘 고비에르노 디불고 께 아브리아 ㄹ레훼렌둠]

* 현재에서의 미래는 직설법 미래형을 사용하고 과거에서의 미래는 가상미래형을 사용한다. 또한 직설법 미래는 상황에 따라 현재에서의 가벼운 명령이나 추측을 표현하기도 한다. 가상미래형은 시제와 상관없이 추측을 표현한다 :

  ¿Qué hora sería?

  (몇 시쯤 되었을까? / 몇 시쯤 되었었을까?)

  ¡Estudiarás!(공부할거지!)
* 동사 'protestar'(항의하다)
* 동사 'divulgar'(공표하다)

단어[danə]	El vocablo[엘 보까블로]
항의 [jang-ɨi]	la protesta [라 쁘로떼스따]
표명하다 [pʰyomyəngjada]	manifestar [마니훼스따르]
데모 [demo]	la manifestación [라 마니훼스따시온]
성명서 [səngmyəngsə]	el manifiesto [엘 마니휘에스또]
알림 [alrim]	la anunciación [라 아눈시아시온]
광고 [gwanggo]	el anuncio / la propaganda [엘 아눈시오 / 라 쁘로빠간다]
통지서 [tʰongzisə]	la carta de aviso [라 까르따 데 아비소]
통지 [tʰongzi]	la información / el informe [라 인호르마시온 / 엘 인호르메]
선거 [səngə]	la elección [라 엘렉시온]
총선 [chongsən]	la elección general [라 엘렉시온 헤네랄]
선거구 [səngəgu]	el distrito electoral [엘 디스뜨리또 엘렉또랄]
선거권 [səngəcwən]	el derecho electoral [엘 데레초 엘렉또랄]
투표 [tʰupʰyo]	el voto / la votación [엘 보또 / 라 보따시온]
만장일치로 [manzang-ilchiro]	unánimemente / por unanimidad [우나니메멘떼 / 뽀르 우나니미닫]
결과 [gyəlgwa]	la consecuencia [라 꼰세꾸엔시아]
원인 [wənin]	la causa [라 까우사]
실패 [silpʰɛ]	el fracaso [엘 후라까소]

순이는 한국어도 스페인어도 공부하지 않는다.
[suninɨn jangugədo sipʰeinədo gongbujazi annɨnda]

Suni no estudia ni coreano ni español.
[수니 노 에스뚜디아 니 꼬레아노 니 에스빠뇰]

70

하늘에는 별 뿐만 아니라 달도 있다.
[janirenɨn byəl punman anira daldo itta.]

Hay no sólo estrellas sino la luna en el cielo.
[아이 노 솔로 에스뜨레야스 시노 라 루나 엔 엘 시엘로]

영화관에 가든지 극장에 가든지 하자.
[yəngjwagwane gadɨnzi guɨkzzang-e gadɨnzi jaza]

O vamos al cine o vamos al teatro.
[오 바모스 알 시네 오 바모스 알 떼아뜨로]

해가 뜨자 새들이 노래한다.
[jɛga tɨza sɛdɨri norɛjanda]

En cuanto sale el sol cantan los pájaros.
[엥 꾸안또 살레 엘 솔 깐딴 로스 빠하로스]

* '한국어도 스페인어도' en que '-도 -도'(ni A ni B / A y B) es la posposición de yuxtaponer más de dos cosas. Si quiere hacerla negativa hay que hacer el verbo principal al negativo :
  너도 나도 다 가자.(Vamos tú y yo.)
  너도 나도 다 가지말자.(Ni tú ni yo vamos.)

* 'ni A ni B'(A도 아니고 B도 아닌)
* 'no sólo A sino B' 또는 'no sólo A sino también B'(A뿐만 아니라 B도)
* 'o A o B'(A든지 B든지)
* 'por tanto'(그러므로)
* 'en cuanto'(-하자마자)

단어[danə]	El vocablo[엘 보까블로]
귀 [gwi]	las orejas [라스 오레하스]
코 [k^{h}o]	la nariz [라 나리스]
콧수염 [k^{h}otssuyəm]	el bigote [엘 비고떼]
입 [ip]	la boca [라 보까]
턱수염 [t^{h}əkssuyəm]	la barba [라 바르바]
입술 [ipssul]	el labio [엘 라비오]
뺨 [pyam]	la mejilla [라 메히야]
턱 [t^{h}ək]	la mandíbula [라 만디불라]
목 [mok]	el cuello [엘 꾸에요]
어깨 [əquɛ]	el hombro [엘 옴브로]
팔 [p^{h}al]	el brazo [엘 브라소]
팔목 [p^{h}almok]	la muñeca [라 무녜까]
손 [son]	la mano [라 마노]
손바닥 [sonpadak]	la palma [라 빨마]
손(발)가락 [son(bal)carak]	el dedo [엘 데도]
손톱 [sont^{h}op]	las uñas [라스 우냐스]
유방 [yubang]	el seno [엘 세노]
등 [dɨng]	la espalda [라 에스빨다]
배 [bɛ]	el abdomen / el vientre [엘 압도멘 / 엘 비엔뜨레]
배꼽 [bɛcop]	el ombrigo [엘 옴브리고]
허리 [jəri]	la cintura [라 신뚜라]
다리 [dari]	la pierna [라 삐에르나]
무릎 [murɨp]	la rodilla [라 ㄹ로디야]
발 [bal]	el pie [엘 삐에]

Cap. 4

제 4 장

동사

el verbo

¿
esp
ñola?
soy mex
¿De dónde
vosotros? ?Y
Seúl, pero él es
Busan. ¿Quién es
?Es mi amigo. Es est
ante del departamento
español. Uds. son muy ar
?Gracias. ¿Cómo es tu amig
alta y guapa. ¿Cómo es su ciu
(=la ciudad de Ud.)? ?No es gran
pero muy bonita. ¿Cómo es vuestra
profesora? ?Es simpática, pero muy
exigente. ¿De qué es la mesa? ?Es de ma
¿De quién es el libro? ?Es de Carlos. ¿Cuá
es? ?Son 3 euros. ¿Cuál es su profesión? ?So
médico. ¿Cómo está su madre? ?No está bien. E
el hospital. ¿Dónde estáis ahora? ?Estamos en el
¿Dónde está vuestra universidad? ?Está en Seúl. ¿D
está tu coche? ?Está enfrente del edificio B. ¿Dónde es
nuestros libros? ?Están en mi casa. Voy a cenar a las oc
la tarde con mis amigos. Vamos a leer el libro en voz alta. S
piensa en Dios. Pienso ir al centro con Natalia. Mañana pode
tomar una copa juntos. Queremos aprender mucho en la clase. T
emos una clase de español esta tarde. Tengo que tomar el avión pa
Madrid. Ya sabemos hablar español. Allí vienen mis amigos. Veo la te
visión. Vemos a Matilda y a Gómez. ?Estamos en el metro. ¿Dónde está
tra universidad? ?Está en Seúl. ¿Dónde está tu coche? ?Está enfrente del

▣ En el coreano hay varias funciones verbales, los verbos y los verbalizados.

1) Los adjetivos tienen dos funciones, predicativa y calificativa :

그녀는 예쁘다. (Ella es bonita.)

예쁜 꽃 (una flor bonita)

그는 조용하다. (Él es tranquilo.)

조용한 사람 (una persona tranquila)

2) Algunos sustantivos se hacen verbos con el sufijo '-하다' :

사랑하다 (amar)

고백하다 (confesar)

노래하다 (cantar)

3) Algunos adjetivos se hacen verbos intransitivos con la desinencia '-아/-어' y con el sufijo '-하다' :

슬프다 (triste)

슬퍼하다 (entristecerse)

기쁘다 (alegre)

기뻐하다 (alegrarse)

아프다 (enfermo)

아파하다 (enfermar)

* Con la desinencia '-게' se hacen

▣ 스페인어의 동사는 'amar'(사랑하다), 'comer'(먹다), 'vivir'(살다)와 재귀형 'quejarse'(불평하다), 'comerse' (먹어 버리다), 'irse'(가 버리다)가 있으며 직설법, 명령법, 접속법, 가상미래형이 있다.

1) 인칭, 시제, 법에 따라 변화한다.

2) 규칙변화와 불규칙변화가 있다.

3) 직설법은 직접적이고 서술적인 표현에 사용하며 시제는 아래와 같다 :

현재와 현재완료

불특정과거와 불특정과거완료

불완료과거와 불완료과거완료

미래와 미래완료

4) 접속법은 간접적이고 간구적인 표현에 사용하며 시제는 아래와 같다 :

현재와 현재완료

과거와 과거완료

미래와 미래완료

* 과거에 '-ra'형과 '-se'형 두 가지가 있으나 어느 것을 써도 무방하다.

* 접속법 미래와 미래완료는 잘 사용하지 않는다.

5) 명령법은 명령에 사용한다.

6) 가상미래형은 과거에서 미래를 표현

primero adverbios y luego con el verbo auxiliar '-하다' se hacen verbos transitivos :

슬프게 하다 (entristecer a alguien)

기쁘게 하다 (alegrar a alguien)

아프게 하다 (enfermar a alguien)

* Con el verbo auxiliar '-되다/-지다' se hacen verbos pasivos :

슬프게 되다 (ponerse triste)

기쁘게 되다 (ponerse alegre)

아프게 되다 (ponerse enfermo)

슬퍼지다 (ponerse triste)

기뻐지다 (ponerse alegre)

아파지다 (ponerse enfermo)

4) Algunos sustantivos pendientes se hacen verbos o adjetivos auxiliares con el sufijo '-하다' :

모르는 체하다 (fingirse de no saber)

→ verbo auxiliar

그럴 듯하다 (parecer)

→ adjetivo auxiliar

못 본 양하다 (fingirse de no ver)

→ verbo auxiliar

▣ '하다' tiene varias funciones.

1) verbo transitivo :

뭐 하니? (¿Qué haces?)

할 때, 시제와 상관없이 추측을 표현할 때, 그리고 겸손을 표현할 때 사용한다. 단순형과 복합형이 있다. 단순형은 가상미래형 자체이며 복합형은 조동사 'haber'의 가상미래형과 본동사의 과거분사형으로 이루어진다.

7) 완료형은 '조동사 haber + 과거분사'로 이루어진다.

8) 진행형은 '조동사 estar + 현재분사'로 이루어진다.

9) 수동형은 '조동사 ser + 과거분사 + por'로 이루어지거나 'se'를 사용하여 표현한다.

10) 불규칙변화의 유형은 다음과 같다 :

‖ 조동사 haber ‖

- 직설법 현재

he/has/ha/hemos/habéis/han

- 직설법 불특정과거

hube/hubiste/hubo/hubimos/hubisteis/hubieron

- 직설법 미래

habré/habrás/habrá/habremos/habréis/habrán

- 가상미래 단순형

habría/habrías/habría/habríamos/habríais/habrían

2) verbo intransitivo :

어떻게 할 생각이니? (¿Qué vas a hacer)

그 때쯤 해서 (a eso de)

자기가 책임을 진다고 한다. (Él dice que va a tener la resposabilidad)

풍덩 하고 물에 빠지다. (caer en el agua ¡paf!)

3) verbo auxiliar

* con la desinencia '-려/-려고/-고자' :

그는 많은 일을 하려 한다. (Él intenta hacer muchos.)

* con la desinencia '-면/-으면' :

그를 보았으면 한다. (Quisiera verlo.)

* con la desinencia '-아야/-어야/-여야' :

너는 정시에 도착해야 한다. (Debes llegar a tiempo.)

* con la desinencia '-기' seguida de la posposición '-까지/-도/-조차' :

그는 많이 먹기도 한다. (Aun come mucho.)

4) adjetivo auxiliar

* con la desinencia '-아야/-어야/-여야' :

• 접속법 현재

haya/hayas/haya/hayamos/hayáis/hayan

• 접속법 과거

hubiera/hubieras/hubiera/hubiéramos/hubierais/hubieran

• 명령법

tú : he

vosotros : habed

현재분사 : habiendo

과거분사 : habido

‖ 동사 ser(-이다) ‖

• 직설법 현재

soy/eres/es/somos/sois/son

• 직설법 불특정과거

fui/fuiste/fue/fuimos/fuisteis/fueron

• 직설법 미래

seré/serás/será/seremos/seréis/serán

• 가상미래 단순형

sería/serías/sería/seríamos/seríais/serían

• 접속법 현재

sea/seas/sea/seamos/seáis/sean

• 접속법 과거

fuera/fueras/fuera/fuéramos/fuerais/fueran

마음이 고와야 한다. (Hay que ser bueno.)

* con la desinencia '-기' seguida de la posposición '-까지/-도/-조차':

그는 약기까지 하다. (Él es aun listo.)

5) sufijo

Se ha explicado arriba.

▣ La posposición terminativa '-이다' tiene varias funciones y se confunde con el verbo por ser terminativa con montones de desinencias, que se equivale al verbo español 'ser'. También se puede aplicar a los verbos y adjetivos en sus desinencias con el mismo sentido.

1) -(이)다마는/-(이)지마는 :

형식은 소설이다마는 내용은 수필이다. (Aunque sea novela la forma es ensayo el contenido.)

2) -(이)다손 :

그가 아무리 부자다손 치더라도 진실만은 살 수 없다. (Aunque sea rico no puede comprar la verdad.)

• 명령법

tú : sé

vosotros : sed

현재분사 : siendo

과거분사 : sido

‖ 동사 estar(-한 상태이다/-에 있다) ‖

• 직설법 현재

estoy/estás/está/estamos/estáis/están

• 직설법 불특정과거

estuve/estuviste/estuvo/estuvimos/estuvisteis/estuvieron

• 직설법 미래

estaré/estarás/estará/estaremos/estaréis/estarán

• 가상미래 단순형

estaría/estarías/estaría/estaríamos/estaríais/estarían

• 접속법 현재

esté/estés/esté/estemos/estéis/estén

• 접속법 과거

estuviera/estuvieras/estuviera/estuviéramos/estuvierais/estuvieran

• 명령법

tú : está

vosotros : estad

3) -(이)더구나 :

알고 보니 헛소문이더구나.

(Sabiéndolo es un rumor.)

4) -(이)더니/-(이)더니마는 :

전에는 뛰어난 선수더니...

(Antes era un excelente deportista...)

5) -(이)더라 :

깨고 보니 꿈이더라.

(Al despertarme fue un sueño.)

6) -(이)던가 :

그 때가 작년이던가?

(¿Habría sido el año pasado?)

7) -(이)던걸 :

씩씩한 아이던걸.

(Lo veo valiente.)

8) -(이)던지 :

어찌나 추운 날씨던지 손이 꽁꽁 얼었다.

(Como hacía mucho frío me he congelado las manos.)

9) -(이)든지 :

커피든지 홍차든지 마시고 싶은 대로 마셔라.(Bebe cualquiera que sea café o té.)

- 현재분사 : estando
- 과거분사 : estado

‖ 동사 tener(가지다) ‖

- 직설법 현재
  tengo/tienes/tiene/tenemos/tenéis/tienen
- 직설법 불특정과거
  tuve/tuviste/tuvo/tuvimos/tuvisteis/tuvieron
- 직설법 미래
  tendré/tendrás/tendrá/tendremos/tendréis/tendrán
- 가상미래 단순형
  tendría/tendrías/tendría/tendríamos/tendríais/tendrían
- 접속법 현재
  tenga/tengas/tenga/tengamos/tengáis/tengan
- 접속법 과거
  tuviera/tuvieras/tuviera/tuviéramos/tuvierais/tuvieran
- 명령법
  tú : ten
  vosotros : tened
  현재분사 : teniendo
  과거분사 : tenido

10) -(이)라고 :

직립 보행하는 동물을 사람이라고 한다.

(Lo llamamos ser humano al animal que anda erguido.)

11) -(이)라며/-(이)라면서 :

착한 학생이라며 추천하더라.

(Me lo recomendó diciendo que era un buen estudiante.)

12) -(이)라면 :

내가 너라면 그렇게 하지는 않을 거다.

(Si yo fuera tú no lo haría así.)

13) -(이)라서 :

궂은 날씨라서 집에 있기로 했다.

Como que hace mal tiempo me he decidido a quedar en casa.)

14) -(이)라야/-(이)라야만 :

그 일은 그 사람이라야 해낼 수 있다.

(El que puede hacerlo es él.)

15) -(이)란다/-(이)랍니다/-(이)래요 :

자기 책이란다.

(Dice que es su libro de él mismo.)

‖ 동사 poder(할 수 있다) ‖

- 직설법 현재
  puedo/puedes/puede/podemos/podéis/pueden
- 직설법 불특정과거
  pude/pudiste/pudo/pudimos/pudisteis/pudieron
- 직설법 미래
  podré/podrás/podrá/podremos/podréis/podrán
- 가상미래 단순형
  podría/podrías/podría/podríamos/podríais/podrían
- 접속법 현재
  pueda/puedas/pueda/podamos/podáis/puedan
- 접속법 과거
  pudiera/pudieras/pudiera/pudiéramos/pudierais/pudieran
- 명령법
  tú : puede
  vosotros : poded
  현재분사 : pudiendo
  과거분사 : podido

16) -(이)랍시고 :

부자랍시고 도도하게 구는 꼴이라니.

¡Qué arrogante es él por ser rico!

17) -(이)려니/-(이)겠거니 :

헛소문이려니 했는데 사실이더라.

(Pensaba que era un rumor, pero era verdad.)

18) -(이)지 :

고래는 짐승이지 물고기가 아니다.

(La ballena no es pez sino animal.)

19) -(인)즉 :

그것이 사실인즉 그리 믿으시오.

(Es verdad, así créalo.)

20) -(인)지라 :

그도 사람인지라 실수할 수도 있지.

(Por ser un ser humano él puede cometer un error.)

▣ '되다' tiene varias funciones.

1) verbo intransitivo :

일이 제대로 되었다.

(Se ha hecho perfecto.)

이 물 먹어도 됩니까?

(¿Se puede beber el agua?)

산이 바다가 되었다.

(La montaña se ha convertido en el mar.)

‖ 동사 querer(좋아하다) ‖

- 직설법 현재
  quiero/quieres/quiere/queremos/queréis/quieren
- 직설법 불특정과거
  quise/quisiste/quiso/quisimos/quisisteis/quisieron
- 직설법 미래
  querré/querrás/querrá/querremos/querréis/querrán
- 가상미래 단순형
  querría/querrías/querría/querríamos/querríais/querrían
- 접속법 현재
  quiera/quieras/quiera/queramos/queráis/quieran
- 접속법 과거
  quisiera/quisieras/quisiera/quisiéramos/quisierais/quisieran
- 명령법
  tú : quiere
  vosotros : quered
  현재분사 : queriendo
  과거분사 : querido

‖ 동사 saber(알다) ‖

- 직설법 현재
  sé/sabes/sabe/sabemos/sabéis/saben

걱정이 된다.

(Me preocupo.)

쌀농사가 잘 되었다.

(Se ha cultivado bien el arroz.)

그들은 친구가 되었다.

(Se hicieron amigos.)

서울에 산지 2년이 되었다.

(Hace dos años que vivo en Seúl.)

밤이 되었다.

(Anochece.)

그는 키가 2m가 된다.

(Él mide dos metros.)

사업이 잘 된다.

(Me va bien el negocio.)

2) verbo auxiliar con la desinencia '-게'(hacerse) o '-도/-어도/-아도'(poder) de los verbos o adjetivos :

그녀는 예쁘게 되었다.

(Se ha hecho bonita.)

그는 잘살게 되었다.

(Él se ha hecho rico.)

놀아도 됩니까?

(¿Puedo jugar?)

- 직설법 불특정과거

supe/supiste/supo/supimos/supisteis/supieron

- 직설법 미래

sabré/sabrás/sabrá/sabremos/sabréis/sabrán

- 가상미래 단순형

sabría/sabrías/sabría/sabríamos/sabríais/sabrían

- 접속법 현재

sepa/sepas/sepa/sepamos/sepáis/sepan

- 접속법 과거

supiera/supieras/supiera/supiéramos/supierais/supieran

- 명령법

tú : sabe

vosotros : sabed

현재분사 : sabiendo

과거분사 : sabido

‖ 동사 satisfacer(만족시키다) ‖

- 직설법 현재

satisfago/satisfaces/satisface/satisfacemos/satisfacéis/satisfacen

걸어도 됩니까?

(¿Puedo andar?)

3) adjetivo :

반죽이 되다.

(La pasta está dura.)

일이 너무 되다.

(Es muy trabajoso.)

4) sufijo que hace algunos sustantivos al verbo intransitivo :

걱정 (la preocupación)

걱정되다 (preocuparse)

발전 (el desarrollo)

발전되다 (desarrollarse)

생략 (la omisión)

생략되다 (omitirse)

▣ '보다' tiene varias funciones.

1) verbo transitivo :

새를 보다 (ver el pájaro)

영화를 보다 (mirar la película)

집을 보다 (guardar la casa)

아이를 보다 (cuidar al niño)

시험을 보다 (tomar/dar examen)

좋지 않게 보다 (considerar mal)

좋게 보다 (considerar bien)

시장을 보다 (ir de compras)

- 직설법 불특정과거

satisfice/satisficiste/satisfizo/
satisficimos/satisficisteis/satisficieron

- 직설법 미래

satisfaré/satisfarás/satisfará/satisfaremos/
satisfaréis/satisfarán

- 가상미래 단순형

satisfaría/satisfarías/satisfaría/
satisfaríamos/satisfaríais/satisfarían

- 접속법 현재

satisfaga/satisfagas/satisfaga/
satisfagamos/satisfagáis/satisfagan

- 접속법 과거

satisficiera/satisficieras/satisficiera/
satisficiéramos/satisficierais/
satisficieran

- 명령법

tú : satisfaz/satisface
vosotros : satisfaced
현재분사 : satisfaciendo
과거분사 : satisfecho

‖ 동사 conocer(알다) ‖

- 직설법 현재

conozco/conoces/conoce/conocemos/
conocéis/conocen

상을 보다 (poner la mesa)

2) verbo auxiliar con la desinencia '-아/-어' del verbo principal :

생각해 보다 (intentar pensar)

먹어 보다 (aprovechar la comida)

입어 보다 (probarse el traje)

신어 보다 (probarse los zapatos)

3) adjetivo auxiliar con la desinencia '-ㄴ가 / -는가 / -ㄹ까 / -을까' de los predicados :

오늘이 더 더운가 보다.

(Creo que hoy hace más calor.)

여기서 살까 보다.

(Pienso vivir aquí.)

4) adverbio :

보다 좋은 방법(la manera mejor)

보다 명확한 증거(la evidencia más exacta)

5) posposición :

언니보다 동생이 크다.

(La hermana menor es más alta que su hermana mayor.)

어제보다 오늘이 더 덥다.

(Hoy hace más calor que ayer.)

- 직설법 불특정과거
  conocí/conociste/conoció/conocimos/conocisteis/conocieron
- 직설법 미래
  conoceré/conocerás/conocerá/conoceremos/conoceréis/conocerán
- 가상미래 단순형
  conocería/conocerías/conocería/conoceríamos/conoceríais/conocerían
- 접속법 현재
  conozca/conozcas/conozca/conozcamos/conozcáis/conozcan
- 접속법 과거
  conociera/conocieras/conociera/conociéramos/conocierais/conocieran
- 명령법
  tú : conoce
  vosotros : conoced
- 현재분사 : conociendo
- 과거분사 : conocido

‖ 동사 corregir(교정하다) ‖

- 직설법 현재
  corrijo/corriges/corrige/corregimos/corregís/corrigen

- 직설법 불특정과거
  corregí/corregiste/corrigió/corregimos/
  corregisteis/corrigieron
- 직설법 미래
  corregiré/corregirás/corregirá/
  corregiremos/corregiréis/corregirán
- 가상미래 단순형
  corregiría/corregirías/corregiría/
  corregiríamos/corregiríais/corregirían
- 접속법 현재
  corrija/corrijas/corrija/corrijamos/
  corrijáis/corrijan
- 접속법 과거
  corrigiera/corrigieras/corrigiera/
  corrigiéramos/corrigierais/corrigieran
- 명령법
  tú: corrige
  vosotros: corregid
- 현재분사: corrigiendo
- 과거분사: corregido

‖ 동사 reír(웃다) ‖

- 직설법 현재
  río/ríes/ríe/reímos/reís/ríen
- 직설법 불특정과거
  reí/reíste/rió/reímos/reísteis/rieron

• 직설법 미래

reiré/reirás/reirá/reiremos/reiréis/reirán

• 가상미래 단순형

reiría/reirías/reiría/reiríamos/reiríais/reirían

• 접속법 현재

ría/rías/ría/riamos/riáis/rían

• 접속법 과거

riera/rieras/riera/riéramos/rierais/rieran

• 명령법

tú: ríe

vosotros: reíd

‖ 동사 oír(듣다) ‖

• 직설법 현재

oigo/oyes/oye/oímos/oís/oyen

• 직설법 불특정과거

oí/oíste/oyó/oímos/oísteis/oyeron

• 접속법 현재

oiga/oigas/oiga/oigamos/oigáis/oigan

• 접속법 과거

oyera/oyeras/oyera/oyéramos/oyerais/oyeran

• 명령법

tú: oye

vosotros: oid

• 현재분사 : oyendo

‖ 동사 jugar(놀다) ‖

• 직설법 현재
juego/juegas/juega/jugamos/jugáis/
juegan
• 직설법 불특정과거
jugué/jugaste/jugó/jugamos/jugasteis/
jugaron
• 직설법 미래
jugaré/jugarás/jugará/jugaremos/
jugaréis/jugarán
• 가상미래 단순형
jugaría/jugarías/jugaría/jugaríamos/
jugaríais/jugarían
• 접속법 현재
juegue/juegues/juegue/juguemos/
jugéis/jueguen
• 접속법 과거
jugara/jugaras/jugara/jugáramos/
jugarais/jugaran
• 명령법
tú : juega
vosotros : jugad
• 현재분사 : jugando
• 과거분사 : jugado

‖ 동사 oler(냄새나다) ‖

- 직설법 현재

  huelo/hueles/huele/olemos/oléis/huelen

- 접속법 현재

  huela/huelas/huela/olamos/oláis/huelan

- 명령법

  tú : huele

  vosotros : oled

‖ 동사 seguir(뒤따르다) ‖

- 직설법 현재

  sigo/sigues/sigue/seguimos/seguís/siguen

- 직설법 불특정과거

  seguí/seguiste/siguió/seguimos/seguisteis/siguieron

- 접속법 현재

  siga/sigas/siga/sigamos/sigáis/sigan

- 접속법 과거

  siguiera/siguieras/siguiera/siguiéramos/siguierais/siguieran

- 명령법

  tú : sigue

  vosotros : seguid

  현재분사 : siguiendo

—이에 준하는 동사로는—

conseguir(획득하다)

extinguir(소멸시키다)

perseguir(추격하다)

proseguir(앞으로 계속하다)

‖ 동사 decir(말하다) ‖

- 직설법 현재

  digo/dices/dice/decimos/decís/dicen
- 직설법 불특정과거

  dije/dijiste/dijo/dijimos/dijisteis/dijeron
- 직설법 미래

  diré/dirás/dirá/diremos/diréis/dirán
- 가상미래 단순형

  diría/dirías/diría/diríamos/diríais/dirían
- 접속법 현재

  diga/digas/diga/digamos/digáis/digan
- 접속법 과거

  dijera/dijeras/dijera/dijéramos/
  dijerais/dijeran
- 명령법

  tú : di

  vosotros : decid

‖ 동사 salir(나가다) ‖

- 직설법 현재

  salgo/sales/sale/salimos/salís/salen

- 직설법 미래
  saldré/saldrás/saldrá/saldremos/saldréis/saldrán
- 가상미래 단순형
  saldría/saldrías/saldría/saldríamos/saldríais/saldrían
- 접속법 현재
  salga/salgas/salga/salgamos/salgáis/salgan
- 명령법
  tú: sal
  vosotros: salid

‖ 동사 obedecer(복종하다) ‖

- 직설법 현재
  obedezco/obedeces/obedece/obedecemos/obedecéis/obedecen
- 직설법 불특정과거
  obedecí/obedeciste/obedeció/obedecimos/obedecisteis/obedecieron
- 직설법 미래
  obedeceré/obedecerás/obedecerá/obedeceremos/obedeceréis/obedecerán

• 가상미래 단순형

obedecería/obedecerías/obedecería/
obedeceríamos/obedeceríais/
obedecerían

• 접속법 현재

obedezca/obedezcas/obedezca/
obedezcamos/obedezcáis/obedezcan

• 접속법 과거

obedeciera/obedecieras/obedeciera/
obedeciéramos/obedecierais/obedecieran

• 명령법

tú : obedece
vosotros : obedeced
현재분사 : obedeciendo
과거분사 : obedecido

—이에 준하는 동사로는—

agradecer(감사하다)
amanecer(동이 트다)
anochecer(해가 지다)
aparecer(나타나다)
apetecer(탐을 내다)
desobedecer(불복종하다)
establecer(건립하다)
florecer(꽃이 피다)
permanecer(머물다)
pertenecer(속하다)

‖ 동사 pedir(요구하다) ‖

- 직설법 현재(e→ I)
  pido/pides/pide/pedimos/pedís/piden
- 직설법 불특정과거
  pedí/pediste/pidió/pedimos/pedisteis/pidieron
- 직설법 미래
  pediré/pedirás/pedirá/pediremos/pediréis/pedirán
- 가상미래 단순형
  pediría/pedirías/pediría/pediríamos/pediríais/pedirían
- 접속법 현재
  pida/pidas/pida/pidamos/pidáis/pidan
- 접속법 과거
  pidiera/pidieras/pidiera/pidiéramos/pidierais/pidieran
- 명령법
  tú : pide
  vosotros : pedid
  현재분사 : pidiendo
  과거분사 : pedido

—이에 준하는 동사로는—

expedir(발송하다)

gemir(신음하다)

impedir(저지하다)

investir(맡기다)

medir(치수를 재다)

servir(대접하다)

vestir(입다)

‖ 동사 sentir(느끼다) ‖

- 직설법 현재(e→ ie)
  siento/sientes/siente/sentimos/sentís/sienten
- 직설법 불특정과거
  sentí/sentiste/sintió/sentimos/sentisteis/sintieron
- 직설법 미래
  sentiré/sentirás/sentirá/sentiremos/sentiréis/sentirán
- 가상미래 단순형
  sentiría/sentirías/sentiría/sentiríamos/sentiríais/sentirían
- 접속법 현재
  sienta/sientas/sienta/sintamos/sintáis/sientan
- 접속법 과거
  sintiera/sintieras/sintiera/sintiéramos/sintierais/sintieran
- 명령법
  tú : siente
  vosotros : sentid
  현재분사 : sintiendo
  과거분사 : sentido

—이에 준하는 동사로는—

advertir(추측하다)

arrepentirse(후회하다)

divertirse(즐기다)

hervir(끓다)

inferir(해를 입히다)

invertir(맡기다)

referir(언급하다)

‖ 동사 pensar(생각하다) ‖

- 직설법 현재(e→ ie)
  pienso/piesas/piensa/pensamos/pensáis/piensan
- 직설법 불특정과거
  pensé/pensaste/pensó/pensamos/pensasteis/pensaron
- 직설법 미래
  pensaré/pensarás/pensará/pensaremos/pensaréis/pensarán
- 가상미래 단순형
  pensaría/pensarías/pensaría/pensaríamos/pensaríais/pensarían
- 접속법 현재
  piense/pienses/piense/pensemos/penséis/piensen
- 접속법 과거
  pensara/pensaras/pensara/pensáramos/pensarais/pensaran

• 명령법

tú : piensa

vosotros : pensad

현재분사 : pensando

과거분사 : pensado

—이에 준하는 동사로는—

acertar(맞히다)

alentar(격려하다)

apretar(조이다)

calentar(덥히다)

cerrar(닫다)

gobernar(통치하다)

merendar(간식하다)

quebrar(부수다)

recomendar(추천하다)

‖ 동사 adquirir(획득하다) ‖

• 직설법 현재(i→ ie)

adquiero/adquieres/adquiere/adquirimos/adquirís/adquieren

• 접속법 현재

adquiera/adquieras/adquiera/adquiramos/adquiráis/adquieran

• 명령법

tú : adquiere

vosotros : adquirid

—이에 준하는 동사로는—

inquirir(조사하다)

‖ 동사 dormir(자다) ‖

- 직설법 현재(o→ ue)
  duermo/duermes/duerme/dormimos/
  dormís/duermen
- 직설법 불특정과거
  dormí/dormiste/durmió/dormimos/
  dormisteis/durmieron
- 직설법 미래
  dormiré/dormirás/dormirá/dormiremos/
  dormiréis/dormirán
- 가상미래 단순형
  dormiría/dormirías/dormiría/
  dormiríamos/dormiríais/dormirían
- 접속법 현재
  duerma/duermas/duerma/durmamos/
  durmáis/duerman
- 접속법 과거
  durmiera/dumieras/durmiera/
  durmiéramos/durmierais/durmieran
- 명령법
  tú : duerme
  vosotros : dormid
  현재분사 : durmiendo
  과거분사 : dormido

—이에 준하는 동사로는—

morir(죽다)

‖ 동사 contar(계산하다) ‖

- 직설법 현재(o→ ue)

cuento/cuentas/cuenta/contamos/contáis/cuentan

- 접속법 현재

cuente/cuentes/cuente/contemos/contéis/cuenten

- 명령법

tú : cuenta

vosotros : contad

—이에 준하는 동사로는—

volar(날다)

soñar(꿈꾸다)

rodar(구르다)

probar(해보다)

mostrar(보여주다)

recordar(기억하다)

acordar(기억하다)

acostar(잠자리에 들다)

consolar(위로하다)

‖ 동사 mover(움직이다) ‖

- 직설법 현재(o→ ue)

muevo/mueves/mueve/movemos/movéis/mueven

• 접속법 현재

mueva/muevas/mueva/movamos/mováis/muevan

• 명령법

tú : mueve

vosotros : moved

—이에 준하는 동사로는—

conmover(감동시키다)

devolver(돌려주다)

doler(아프다)

moler(괴롭히다)

morder(씹다)

‖ 동사 vencer(이기다) ‖

• 직설법 현재(-c→ z)

venzo/vences/vence/vencemos/vencéis/vencen

• 접속법 현재

venza/venzas/venza/venzamos/venzáis/venzan

• 명령법

tú : vence

vosotros : venced

—이에 준하는 동사로는—

esparcir(뿌리다)

convencer(납득시키다)

ejercer(행하다)

torcer(비틀다)

cocer(가열하다)

escocer(아릿아릿하다)

mecer(흔들다)

recocer(다시 삶다)

resarcir(보상하다)

uncir(멍에를 씌우다)

zurcir(고치다)

‖ 동사 pagar(지불하다) ‖

- 직설법 불특정과거

  pagué/pagaste/pagó/pagamos/pagasteis/pagaron

- 접속법 현재(-g→ -gu)

  pague/pagues/pague/paguemos/paguéis/paguen

- 명령법

  tú: paga

  vosotros: pagad

  —이에 준하는 동사로는—

  ahogar(질식시키다)

  colgar(매달다)

  pegar(붙이다)

  regar(물을 뿌리다)

‖ 동사 coger(잡다) ‖

- 직설법 현재(-g→ -j)

  cojo/coges/coge/cogemos/cogéis/cogen

• 접속법 현재(-g→ -j)
coja/cojas/coja/cojamos/cojáis/cojan

• 명령법
tú : coge
vosotros : coged
–이에 준하는 동사로는–
acoger(받아들이다)
emerger(돌출하다)
encoger(위축시키다)
escoger(선택하다)
proteger(보호하다)
recoger(줍다)
afligir(괴롭히다)
elegir(고르다)
exigir(요구하다)
fingir(꾸미다)
preelegir(예선하다)
reelegir(재선하다)
regir(통치하다)
restringir(제한하다)
surgir(출현하다)

‖ 동사 cuzar(건너다) ‖

• 직설법 불특정과거(-z→ -c)
crucé/cruzaste/cruzó/cruzamos/
cruzasteis/cruzaron

• 접속법 현재(-z→ -c)

cruce/cruces/cruce/crucemos/crucéis/crucen

• 명령법

tú: cruza

vosotros: cruzad

—이에 준하는 동사로는—

abrazar(포옹하다)

almorzar(점심먹다)

empezar(시작하다)

rebozar(감싸다)

rezar(기도하다)

‖ 동사 atacar(공격하다) ‖

• 직설법 불특정과거(-car→ -qué)

ataqué/atacaste/atacó/atacamos/atacasteis/atacaron

• 접속법 현재(-c→ -qu)

ataque/ataques/ataque/ataquemos/ataquéis/ataquen

• 명령법

tú: ataca

vosotros: atacad

—이에 준하는 동사들—

abarcar(품다)

acercar(가까이하다)

aparcar(주차하다)

arrancar(뽑다)

desatascar(끌어올리다)

roncar(코를 골다)

‖ 동사 concluir(결론내다) ‖

- 직설법 현재(-uir→ uyo)
  concluyo/concluyes/concluye/
  concluimos/concluís/concluyen
- 직설법 불특정과거
  concluí/concluiste/concluyó/concluimos/
  concluisteis/concluyeron
- 접속법 현재
  concluya/concluyas/concluya/
  concluyamos/concluyáis/concluyan
- 접속법 과거
  concluyera/concluyeras/concluyera/
  concluyéramos/concluyerais/concluyeran
- 명령법
  tú : concluye
  vosotros : concluid

  –이에 준하는 동사들–

  afluir(몰려들다)

  atribuir(부여하다)

  construir(건설하다)

  destruir(파괴하다)

  distribuir(분배하다)

  excluir(제외하다)

  huir(도망가다)

influir(영향을 주다)

instruir(교육하다)

‖ 동사 traducir(번역하다) ‖

- 직설법 현재

traduzco/traduces/traduce/traducimos/traducís/traducen

- 직설법 불특정과거

traduje/tradujiste/tradujo/tradujimos/tradujisteis/tradujeron

- 접속법 현재

traduzca/traduzcas/traduzca/traduzcamos/traduzcáis/traduzcan

- 접속법 과거

tradujera/tradujeras/tradujera/tradujéramos/tradujerais/tradujeran

- 명령법

tú : traduce

vosotros : traducid

－이에 준하는 동사들－

conducir(운전하다)

deducir(추리하다)

inducir(도입하다)

introducir(안내하다)

producir(생산하다)

seducir(유혹하다)

‖ 동사 poner(놓다) ‖

- 직설법 현재
  pongo/pones/pone/ponemos/ponéis/ponen
- 직설법 불특정과거
  puse/pusiste/puso/pusimos/pusisteis/pusieron
- 직설법 미래
  pondré/pondrás/pondrá/pondremos/pondréis/pondrán
- 가상미래 단순형
  pondría/pondrías/pondría/pondríamos/pondríais/pondrían
- 접속법 현재
  ponga/pongas/ponga/pongamos/pongáis/pongan
- 접속법 과거
  pusiera/pusieras/pusiera/pusiéramos/pusierais/pusieran
- 명령법
  tú: pon
  vosotros: poned
  현재분사 : poniendo
  과거분사 : puesto
  —이에 준하는 동사로는—
  disponer(처리하다)
  exponer(전시하다)

interponer(사이에 넣다)

imponer(강요하다)

oponer(저지하다)

proponer(제안하다)

‖ 동사 leer(읽다) ‖

- 직설법 불특정과거

leí/leiste/leyó/leimos/leísteis/leyeron

- 접속법 과거

leyera/leyeras/leyera/leyéramos/leyerais/leyeran

- 명령법

tú: lee

vosotros: leed

현재분사: leyendo

과거분사: leído

—이에 준하는 동사들—

creer(믿다)

poseer(소유하다)

proveer(준비하다)

releer(다시 읽다)

태어나다 [t^{h}ɛənada] nacer [나세르]

자라다 [zarada] crecer [끄레세르]

살다 [salda] vivir [비비르]

죽다 [zukta] morir [모리르]

일어나다 [irənada] levantarse [레반따르세]

잠자리에 들다 [zamzzarie dɨlda] acostarse [아꼬스따르세]

자다 [zada] dormir [도르미르]

깨다/서다 [quɛda/səda] levantarse [레반따르세]

서있다 [səitta] estar de pie [에스따르 데 삐에]

앉다 [anta] sentarse [센따르세]

앉히다 [anchida] sentar [센따르]

일으키다/세우다 [irɨk^{h}ida/seuda] levantar [레반따르]

눕다 [nupta] tumbarse/yacer [뚬바르세/야세르]

세수하다 [sesujada] lavarse la cara [라바르세 라 까라]

이를 닦다 [irɨl dakta] limpiarse los dientes [림삐아르세 로스 디엔떼스]

목욕하다 [mogyok^{h}ada] ducharse [두차르세]

머리를 빗다 [mərirɨl bitta] peinarse [뻬이나르세]

화장하다 [jwazangjada] pintarse [삔따르세]

입다 [ipta] vestirse/ponerse [베스띠르세/뽀네르세]

갈아입다 [garaipta] cambiar la ropa [깜비아르 라 ㄹ로빠]

벗다 [bətta] quitarse [끼따르세]

축하하다 [chuk^{h}ajada] felicitar [휄리시따르]

박수치다 [bakssuchida] aplaudir [아쁠라우디르]

욕하다/비난하다 [yok^{h}ada/binanjada] blasfemar [블라스훼마르]

불평하다 [bulp^{h}yəngjada] quejarse [께하르세]

비판하다 [bip^{h}anjada]	criticar [끄리띠까르]
농담하다 [nongdamjada]	bromear [브로메아르]
웃다 [utta]	reír [ㄹ레이르]
비웃다 [biutta]	reírse [ㄹ레이르세]
울다 [ulda]	llorar [요라르]
사랑하다 [sarangjada]	amar [아마르]
미워하다 [miwəjada]	odiar [오디아르]
시기하다/질투하다 [siguijada/zilt^{h}ujada]	envidiar [엠비디아르]
말하다 [maljada]	hablar/decir [아블라르/데시르]
소리지르다 [soriziriɨda]	gritar [그리따르]
듣다 [dɨtta]	oír [오이르]
보다 [boda]	ver/mirar [베르/미라르]
느끼다 [nɨquida]	sentirse [센띠르세]
냄새맡다 [nɛmsɛmatta]	olfatear [올화떼아르]
먹다 [məkta]	comer [꼬메르]
마시다 [masida]	beber [베베르]
소화하다 [sojwajada]	digerir [디헤리르]
토하다 [t^{h}ojada]	vomitar [보미따르]
오줌을 누다/소변을 보다 [ozumɨl nuda/sobyənɨl boda]	orinar [오리나르]
똥을 누다/대변을 보다 [tong-ɨl nuda/dɛbyənɨl boda]	cagar [까가르]
놀다 [nolda]	jugar [후가르]
일하다 [iljada]	trabajar/laborar [뜨라바하르/라보라르]
지내다 [zinɛda]	pasar [빠사르]

운동하다 [undongjada] hacer ejercicios [아세르 에헤르시시오스]

노래하다 [norɛjada] cantar [깐따르]

춤추다 [chumchuda] bailar [바일라르]

여행하다 [yəjɛngjada] viajar [비아하르]

방문하다 [bangmunjada] visitar [비시따르]

초대하다 [chodɛjada] invitar [임비따르]

공부하다 [gongbujada] estudiar [에스뚜디아르]

배우다 [bɛuda] aprender [아쁘렌데르]

가르치다 [garɨchida] enseñar [엔세냐르]

교육하다 [gyoyuk^{h}ada] educar [에두까르]

묻다 [mutta] preguntar [쁘레군따르]

대답하다 [dɛdap^{h}ada] contestar [꼰떼스따르]

연습하다 [yənsɨp^{h}ada] practicar [쁘락띠까르]

반복하다 [banbok^{h}ada] repetir [ㄹ레뻬띠르]

외우다 [øuda] memorizar [메모리사르]

시험보다 [sijəmboda] examinar [엑사미나르]

평가하다 [p^{h}əngcajada] evaluar [에발루아르]

읽다 [ikta] leer [레에르]

쓰다 [ssɨda] escribir [에스끄리비르]

지우다 [ziuda] borrar/tachar [보ㄹ라르/따차르]

알다 [alda] saber/conocer [사베르/꼬노세르]

모르다 [morɨda] no saber/desconocer [노 사베르/데스꼬노세르]

기억하다 [guiək^{h}ada] recordarse de/acordarse de [ㄹ레꼬르다르세 데/아꼬르다르세 데]

잊다/잊어버리다 [itta/izəbərida] olvidarse de [올비다르세 데]

한국어	Español
준비하다 [zunbijada]	preparar [쁘레빠라르]
시작하다 [sizak^{h}ada]	comenzar a/empezar a [꼬멘사르 아/엠뻬사르 아]
끝내다/끝나다 [quɨnnɛda/quɨnnada]	terminar/acabar con [떼르미나르/아까바르 꼰]
앞당기다 [aptangguida]	anticipar [안띠시빠르]
늦추다 [nɨtchuda]	atrasar/retrasar [아뜨라사르/ㄹ레뜨라사르]
움직이다 [umziguida]	mover [모베르]
행동하다 [jɛngdongjada]	actuar [악뚜아르]
정지하다 [zəngzijada]	parar/detenerse [빠라르/데떼네르세]
서다 [səda]	erguirse/estar de pie [에르기르세/에스따르 데 뻬에]
기다 [guida]	arrastrarse [아ㄹ라스뜨라르세]
걷다 [gətta]	andar/caminar [안다르/까미나르]
달리다/뛰다 [dalrida/twida]	correr [꼬ㄹ레르]
날다 [nalda]	volar [볼라르]
넘어지다/자빠지다 [nəməzida/zapazida]	caer [까에르]
떨어지다 [tərəzida]	caerse [까에르세]
다치다 [dachida]	herirse [에리르세]
부러지다 [burəzida]	quebrarse [께브라르세]
부러뜨리다 [burətɨrida]	quebrar [께브라르]
보호하다 [bojojada]	proteger [쁘로떼헤르]
피하다 [p^{h}ijada]	huir [우이르]
싸우다 [ssauda]	pelearse [뻴레아르세]
이기다 [iguida]	vencer [벤세르]

지다 [zida]	perder/estar vencido [뻬르데르/에스따르 벤시도]
때리다 [tɛrida]	golpear [골뻬아르]
전투하다 [zənt^{h}ujada]	guerrear/combatir/batallar [게ㄹ레아르/꼼바띠르/바따야르]
가다 [gada]	ir [이르]
오다 [oda]	venir [베니르]
나가다 [nagada]	salir [살리르]
들어오다/들어가다 [dɨrəoda/dɨrəgada]	entrar [엔뜨라르]
돌아오다/돌아가다 [doraoda/doragada]	volver/regresar [볼베르/ㄹ레그레사르]
가져가다 [gazyəgada]	llevar [예바르]
가져오다 [gazyəoda]	traer [뜨라에르]
떠나다/출발하다 [tənada/chulbaljada]	marchar/partir [마르차르/빠르띠르]
도착하다 [dochak^{h}ada]	llegar [예가르]
배웅하다 [bɛungjada]	despedir [데스뻬디르]
마중하다 [mazungjada]	recibir [ㄹ레시비르]
주다/보내다 [zuda/bonɛda]	dar/mandar [다르/만다르]
빌려주다 [bilryəzuda]	prestar [쁘레스따르]
돌려주다 [dolryəzuda]	devolver [데볼베르]
받다 [batta]	recibir/aceptar [ㄹ레시비르/아셉따르]
감추다 [gamchuda]	esconder [에스꼰데르]
속이다 [soguida]	mentir [멘띠르]
폭로하다 [p^{h}ongnojada]	delatar/revelar [델라따르/ㄹ레벨라르]
명령하다 [myəngnyəngjada]	mandar/ordenar [만다르/오르데나르]
허락하다 [jərak^{h}ada]	permitir [뻬르미띠르]
금지하다 [guɨmzijada]	prohibir [쁘로이비르]
타다/오르다 [t^{h}ada/orɨda]	subir/ascender [수비르/아센데르]

내리다 [nɛrida]	bajar/descender [바하르/데센데르]
갈아타다 [garat^{h}ada]	transbordar [뜨란스보르다르]
벌다 [bəlda]	ganar [가나르]
사다 [sada]	comprar [꼼쁘라르]
팔다 [p^{h}alda]	vender [벤데르]
수입하다 [suip^{h}ada]	importar [임뽀르따르]
수출하다 [suchuljada]	exportar [에스뽀르따르]
가지다 [gazida]	tener/poseer [떼네르/뽀세에르]
바꾸다 [bacuda]	cambiar [깜비아르]
만들다 [mandɨlda]	hacer [아세르]
부수다 [busuda]	romper [ㄹ롬뻬르]
수리하다/고치다 [surijada/gochida]	reparar [ㄹ레빠라르]
보관하다 [bogwanjada]	guardar [과르다르]
보존하다 [bozonjada]	conservar [꼰세르바르]
보증하다 [bozɨngjada]	garantizar [가란띠사르]
버리다 [bərida]	dejar/descartar/tirar [데하르/데스까르따르/띠라르]
던지다 [dənzida]	echar/tirar/arrojar [에차르/띠라르/아ㄹ로하르]
사용하다 [sayongjada]	usar/utilizar [우사르/우띨리사르]
창조하다 [changzojada]	crear [끄레아르]
모방하다 [mobangjada]	imitar [이미따르]
복사하다 [bokssajada]	copiar [꼬삐아르]
제조하다 [zezojada]	fabricar [화브리까르]
생산하다 [sɛngsanjada]	producir [쁘로두시르]

한국어	Español
고르다 [gorɨda]	escoger/seleccionar [에스꼬헤르/셀렉시오나르]
소비하다 [sobijada]	gastar [가스따르]
아끼다 [aquida]	ahorrar [아오ㄹ라르]
저축하다 [zəchuk^{h}ada]	depositar [데뽀시따르]
내다/지불하다 [nɛda/zibuljada]	pagar [빠가르]
입금하다 [ipquɨmjada]	ingresar [잉그레사르]
출금하다 [chulguɨmjada]	desembolsar [데셈볼사르]
잃다 [ilt^{h}a]	perder [뻬르데르]
필요하다 [p^{h}iryojada]	necesitar [네세시따르]
찾다 [chatta]	buscar [부스까르]
얻다 [ətta]	conseguir/obtener [꼰세기르/옵떼네르]
모으다 [moɨda]	recoger [ㄹ레꼬헤르]
모이다 [moida]	reunirse [ㄹ레우니르세]
흩어지다 [jɨt^{h}əzida]	separarse [세빠라르세]
요리하다 [yorijada]	cocinar/guisar [꼬시나르/기사르]
남다 [namta]	sobrar [소브라르]
모자라다 [mozarada]	faltar [활따르]
붓다 [butta]	verter agua [베르떼르 아구아]
끓이다 [quɨrida]	hacer hervir [아세르 에르비르]
튀기다 [t^{h}wiguida]	freír [후레이르]
태우다 [t^{h}ɛuda]	quemar [께마르]
설거지하다 [səlgəzijada]	fregar [후레가르]
청소하다 [chəngsojada]	limpiar [림삐아르]
쓸다 [ssɨlda]	barrer [바ㄹ레르]

닦다 [dakta]	limpiar con el trapo [림삐아르 꼰 엘 뜨라뽀]
칠하다 [chiljada]	pintar [삔따르]
빨래하다/세탁하다 [palrɛjada/set^{h}ak^{h}ada]	lavar [라바르]
심다 [simta]	plantar [쁠란따르]
뽑다 [popta]	arrancar [아ㄹ랑까르]
물을 주다 [murɨl zuda]	regar [ㄹ레가르]
수영하다 [suyəngjada]	nadar [나다르]
축구하다 [chukcujada]	jugar al fútbol [후가르 알 훋볼]
물에 빠지다 [mure pazida]	ahogarse [아오가르세]
구조하다 [guzojada]	socorrer [소꼬ㄹ레르]
운전하다 [unzənjada]	conducir [꼰두시르]
잡다 [zapta]	coger [꼬헤르]
일이 일어나다 [iri irənada]	ocurrir/acontecer [오꾸ㄹ리르/아꼰떼세르]
건너다 [gənnəda]	cruzar [끄루사르]
불을 켜다 [burɨl k^{h}yəda]	encender [엔센데르]
불을 끄다 [burɨl quɨda]	apagar [아빠가르]
따라가다 [taragada]	seguir [세기르]
부과하다 [bugwajada]	imponer [임뽀네르]
진술하다 [zinsuljada]	declarar [데끌라라르]
체포하다 [chep^{h}ojada]	detener [데떼네르]
언도하다 [əndojada]	condenar [꼰데나르]
나타나다 [nat^{h}anada]	aparecer [아빠레세르]
사라지다 [sarazida]	desaparecer [데사빠레세르]
계속하다 [gyesok^{h}ada]	continuar/seguir [꼰띠누아르/세기르]

한글 자모 쓰기

la escritura de los alfabetos coreanos

U
esp
ñola?
soy mex
¿De dónde
vosotros? ?Y
Seúl, pero él es
Busan. ¿Quién es
?Es mi amigo. Es est
ante del departamento
español. Uds. son muy an
?Gracias. ¿Cómo es tu amig
alta y guapa. ¿Cómo es su ciu
(=la ciudad de Ud.)? ?No es granc
pero muy bonita. ¿Cómo es vuestra
profesora? ?Es simpática, pero muy
exigente. ¿De qué es la mesa? ?Es de me
¿De quién es el libro? ?Es de Carlos. ¿Cuá
es? ?Son 3 euros. ¿Cuál es su profesión? ?Sc
médico. ¿Cómo está su madre? ?No está bien. E
el hospital. ¿Dónde estáis ahora? ?Estamos en el
¿Dónde está vuestra universidad? ?Está en Seúl. ¿D
está tu coche? ?Está enfrente del edificio B. ¿Dónde es
nuestros libros? ?Están en mi casa. Voy a cenar a las oc
la tarde con mis amigos. Vamos a leer el libro en voz alta. S
piensa en Dios. Pienso ir al centro con Natalia. Mañana poder
tomar una copa juntos. Queremos aprender mucho en la clase. T
emos una clase de español esta tarde. Tengo que tomar el avión pa
Madrid. Ya sabemos hablar español. Allí vienen mis amigos. Veo la te
visión. Vemos a Matilda y a Gómez. ?Estamos en el metro. ¿Dónde está
tra universidad? ?Está en Seúl. ¿Dónde está tu coche? ?Está enfrente del

①ㄱ	ㄱ	ㄱ	ㄱ	ㄱ	ㄱ	ㄱ	ㄱ
①ㄴ	ㄴ	ㄴ	ㄴ	ㄴ	ㄴ	ㄴ	ㄴ
①②ㄷ	ㄷ	ㄷ	ㄷ	ㄷ	ㄷ	ㄷ	ㄷ
①②③ㄹ	ㄹ	ㄹ	ㄹ	ㄹ	ㄹ	ㄹ	ㄹ
①②③ㅁ	ㅁ	ㅁ	ㅁ	ㅁ	ㅁ	ㅁ	ㅁ
①②③④ㅂ	ㅂ	ㅂ	ㅂ	ㅂ	ㅂ	ㅂ	ㅂ
①②ㅅ	ㅅ	ㅅ	ㅅ	ㅅ	ㅅ	ㅅ	ㅅ
①ㅇ	ㅇ	ㅇ	ㅇ	ㅇ	ㅇ	ㅇ	ㅇ
①②③ㅈ	ㅈ	ㅈ	ㅈ	ㅈ	ㅈ	ㅈ	ㅈ
①②③④ㅊ	ㅊ	ㅊ	ㅊ	ㅊ	ㅊ	ㅊ	ㅊ

ㅋ	ㅋ	ㅋ	ㅋ	ㅋ	ㅋ	ㅋ	ㅋ
ㅌ	ㅌ	ㅌ	ㅌ	ㅌ	ㅌ	ㅌ	ㅌ
ㅍ	ㅍ	ㅍ	ㅍ	ㅍ	ㅍ	ㅍ	ㅍ
ㅎ	ㅎ	ㅎ	ㅎ	ㅎ	ㅎ	ㅎ	ㅎ
ㄲ	ㄲ	ㄲ	ㄲ	ㄲ	ㄲ	ㄲ	ㄲ
ㄸ	ㄸ	ㄸ	ㄸ	ㄸ	ㄸ	ㄸ	ㄸ
ㅃ	ㅃ	ㅃ	ㅃ	ㅃ	ㅃ	ㅃ	ㅃ
ㅆ	ㅆ	ㅆ	ㅆ	ㅆ	ㅆ	ㅆ	ㅆ
ㅉ	ㅉ	ㅉ	ㅉ	ㅉ	ㅉ	ㅉ	ㅉ
ㅏ	ㅏ	ㅏ	ㅏ	ㅏ	ㅏ	ㅏ	ㅏ

ㅑ	ㅑ	ㅑ	ㅑ	ㅑ	ㅑ	ㅑ	ㅑ
ㅓ	ㅓ	ㅓ	ㅓ	ㅓ	ㅓ	ㅓ	ㅓ
ㅕ	ㅕ	ㅕ	ㅕ	ㅕ	ㅕ	ㅕ	ㅕ
ㅗ	ㅗ	ㅗ	ㅗ	ㅗ	ㅗ	ㅗ	ㅗ
ㅛ	ㅛ	ㅛ	ㅛ	ㅛ	ㅛ	ㅛ	ㅛ
ㅜ	ㅜ	ㅜ	ㅜ	ㅜ	ㅜ	ㅜ	ㅜ
ㅠ	ㅠ	ㅠ	ㅠ	ㅠ	ㅠ	ㅠ	ㅠ
ㅡ	ㅡ	ㅡ	ㅡ	ㅡ	ㅡ	ㅡ	ㅡ
ㅣ	ㅣ	ㅣ	ㅣ	ㅣ	ㅣ	ㅣ	ㅣ
ㅐ	ㅐ	ㅐ	ㅐ	ㅐ	ㅐ	ㅐ	ㅐ

ㅔ	ㅔ	ㅔ	ㅔ	ㅔ	ㅔ	ㅔ	ㅔ
ㅚ	ㅚ	ㅚ	ㅚ	ㅚ	ㅚ	ㅚ	ㅚ
ㅒ	ㅒ	ㅒ	ㅒ	ㅒ	ㅒ	ㅒ	ㅒ
ㅖ	ㅖ	ㅖ	ㅖ	ㅖ	ㅖ	ㅖ	ㅖ
ㅘ	ㅘ	ㅘ	ㅘ	ㅘ	ㅘ	ㅘ	ㅘ
ㅙ	ㅙ	ㅙ	ㅙ	ㅙ	ㅙ	ㅙ	ㅙ
ㅝ	ㅝ	ㅝ	ㅝ	ㅝ	ㅝ	ㅝ	ㅝ
ㅞ	ㅞ	ㅞ	ㅞ	ㅞ	ㅞ	ㅞ	ㅞ
ㅟ	ㅟ	ㅟ	ㅟ	ㅟ	ㅟ	ㅟ	ㅟ
ㅢ	ㅢ	ㅢ	ㅢ	ㅢ	ㅢ	ㅢ	ㅢ

민선재

한국외국어대학교 스페인어과 교수
Profa. Dra. Seonjae Min
Dept. del Español de la Universidad Hankuk de Estudios Extranjeros

저서
『스페인어 문형98로 끝내기』

쌍방향 한국어 · 스페인어

초판 인쇄 2007년 8월 10일
초판 발행 2007년 8월 20일

지은이 ▪ 민 선 재
펴낸이 ▪ 박 철
펴낸곳 ▪ 한국외국어대학교 출판부
130-791 서울특별시 동대문구 이문동 270
전화 : 02)2173-2494~5
팩스 : 02)2173-3363
홈페이지 : http://press.hufs.ac.kr
전자우편 : press@hufs.ac.kr
출판등록 ▪ 제6-6호(1969. 4. 30)
편집 · 디자인 ▪ (주)이환 D&B 02)2254-4301
인쇄 · 제본 ▪ 삼진피앤씨(주) 02)2271-0860

ISBN 978-89-7464-453-6 18770 정가 14,000원 (MP3 CD 포함)

* 잘못된 책은 교환하여 드립니다.